復刻版シリーズ②……中世篇

# 人間の知恵の歴史

## 宗教・哲学・科学の視点から

大槻真一郎〔著〕
澤元　亙〔監修〕

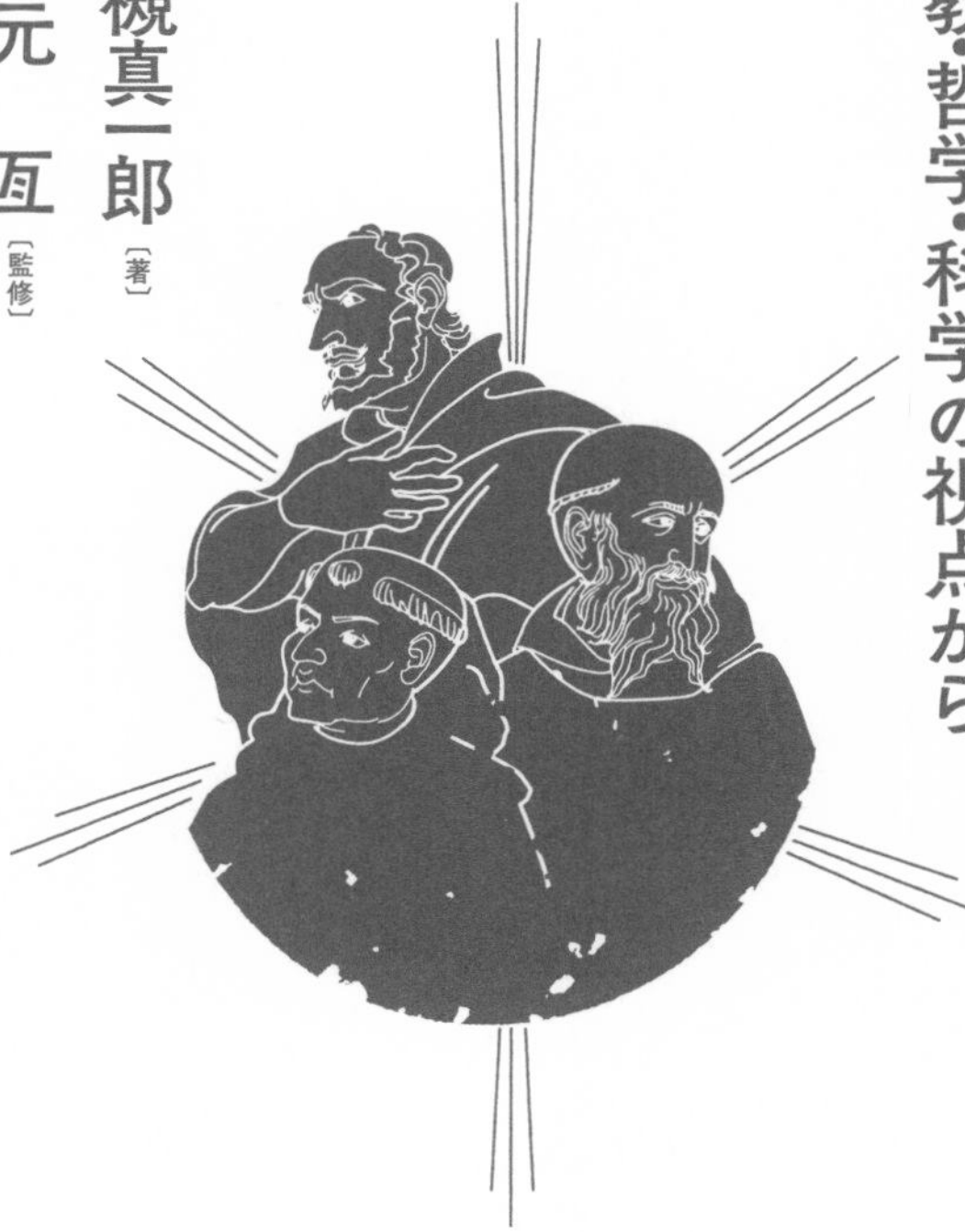

コスモス・ライブラリー

# 人間の知恵の歴史——宗教・哲学・科学の視点から

〔復刻版シリーズ②中世篇〕

◇

目次

# まえがき

さきの四月に大槻真一郎著『人間の知恵の歴史』(一九七二年、原書房)の「古代篇」が復刻版シリーズの第一冊目として刊行されました。本書「中世篇」はこのシリーズの二冊目です。原典は四〇〇ページにもおよび、各ページ二段組みで文字がびっしり詰まっていましたので、読みやすさを考慮し三分冊にしました。このあとも引きつづき「近代篇」が刊行の予定です。もともと哲学史の教科書として四人の共著の形で企画されたものでしたが、結果的にひとりで書くことになったようです。四〇代前半に集中的に執筆され、刊行されたのは著者が四〇代の半ばのころ(四六歳)でした。

「古代篇」の「まえがき」で『人間の知恵の歴史』全体の特徴として二点指摘しました。第一に、哲学以外に宗教と科学の視点をさらに持ったおかげで、従来の哲学史からは漏れてしまう重要な人物をも取り込むことに成功したことです。第二に、ひとりで書かれた哲学史であるからこそ、一つの哲学史像を提出することが可能となったことです。それによって哲学史の描き方についての議論も可能になると思われます。ヘーゲルの『哲学史講義』からはじまって、ひとりの人によって書かれた哲学史についても多くのものが邦訳されています。日本人によって書かれた哲学史の古典ともいえる波多野精一や九鬼周造などの哲学史、近年の成果である熊野純彦、伊藤邦武、出口春明の諸氏の哲学史など、すぐれた個性豊かな哲学史があります。本書もそれらに劣らず個性豊かな哲学史です。
以下では読者への案内もかねて、著者について、「貧しさの自覚」について、「中世篇」の特徴について、表紙絵についてのべます。

## 著者について

著者・大槻真一郎（一九二六〜二〇一六）は、京都丹波生まれ、京都大学大学院では田中美知太郎のもとで古代ギリシア哲学を専攻、博士課程修了後、明治薬科大学助教授に就任、医学史家・科学史家として知られています。業績についてはすでに「古代篇」で触れましたので、ここでは繰り返さず、その人柄を髣髴《ほうふつ》とさせるエピソードをいくつか紹介します。

著者はある学会の常任理事をしていました。常任理事というだけあって、メンバーは本人も含め、みなさんかなりご高齢であったらしいです。常任なので、自分から言い出さない限り、役職を解かれることはありません。そこで定期の会合のおり、大槻は常任メンバーのみんなに向かって自分の意見を次のようにのべたそうです。「常任理事は退いて若い人に譲ろうかと思う。みなさんはどうなされますか」と。するると、他の常任理事は全員、「それはいい考えです。私もそうします」というようなことを、口をそろえて約束したそうです。ところが、実際にその翌年に役職を退いたのは自分ひとりだけだったそうです。これには驚いたそうですが、「こういうこともあるんだね」と私に言いながら笑っていました。

著者はいろいろな学会の常任職についていましたが、定年後しばらくしてすべての役職から退いただけでなく、学会活動そのものもやめています。すでにそのころから、古代から中世・近世に至る博物誌の古典に関する記事を、いくつかの定期刊行の雑誌に自由に連載していたのですが、執筆者紹介の欄には肩書きを一切載せず、「博物誌研究者」とだけ名のって、名刺もそのようにつくって人に渡していたようです。定年退職する前にすでに、定年後はどう過ごすのかを決めていたようです。このことについては、小林晶子先生に寄せていただいた追悼文（コスモス・ライブラリー刊行の『アラビアの鉱物書』に収録）にのべられています。

自分から退く必要がなければそこにとどまるのが世の常であると思われるのに、いさぎよくやめてしまうところが、普通の人と変わっているとも言えます。「普通と変わっている」と言えば、こういうこともありました。法政大学大学院の加来彰俊（一九二三〜二〇一七）先生が担当なさっていた授業（プラトン『国家』を講読）に参加したときのこと、私が大槻真一郎先生の授業に出ていることを知ると、「大槻君はいま何を読んでいるんですか」と聞かれたので、そのとき授業で読んでいたギリシア語のテキスト（アリストテレス『気象学』第四巻）とラテン語のテキスト（アルベルトゥス・マグヌス『鉱物書』）を告げると、驚かれた表情をして、「ほう、（彼は）昔から変わっていましたからね。ヒポクラテス全集を出したと思ったら、次はプリニウスを出して、驚きました」と。加来先生の言葉を正確に記憶しているわけではありませんが、真顔でそのようなことを言われました。田中先生のところで学んだ者はみな、プラトンか、あるいはアリストテレスを研究するのに、自分はそうしなかったので、変わり者だと思われていたと、大槻本人からあらかじめ聞いていたので、加来先生の言い方に妙に納得したことを覚えています。たしかに、著者の大槻は、『ヒポクラテス全集』、『テオフラストス植物誌』、『ディオスコリデス研究』、パラケルスス、ケプラーなど、古代から中世・ルネサンス期にかけて幅広く医学史・科学史上のいろいろな古典のテキストを原典から翻訳・研究していたからです。自分のことを、医学史・科学史の領域を切り拓く「荒々しいブルドーザー」であることを自認していました。

## 「貧しさの自覚」について

まずは、『人間の知恵の歴史』全体のモチーフとなっている「貧しさの自覚」について簡単に触れます。副題に「哲学・宗教・科学の視点から」とあるように、哲学・宗教・科学における代表的な人間像を本書は提示します。それぞれの人間像を形成する上で最も重要な要因として、そのどれにも共通して言えるのは、「貧しさの自覚」からはじまっている、ということです。それらの原型となっているのが哲学的代表像、具体的に言えばソクラテスという哲学者像です。このテーマはとりわけ「古代篇」の第二章第三節で論じられましたが、その第二章全体は「哲学と人間の問題」と題され、「ソクラテスの提起したもの」と副題が添えられています。

もともと著者が哲学の世界に入ったのはソクラテスへのあこがれからでした。晩年に若いころを振り返り、「哲学者ソクラテスの従容《しょうよう》とした死に感動して古代ギリシア哲学に身を投じた」(コスモス・ライブラリー刊行『中世宝石賛歌と錬金術』四九頁）と語ったことがあります。そのソクラテスについて「古代篇」（一九六頁）で次のようにのべています。

ソクラテスは乱れていくアテナイの道義の中に、その孤高を持しつつ、巨人のごとき強さをもって精神の高潔を説いた。しかしこのような時代にあっては、ますます一般の風潮と乖離《かいり》し、ソクラテスが人間の魂の堕落を問題にすればするほど、そこに反感を呼びおこし、憎悪とねたみをひきおこすことは必定であったのである。しかもこの中でソクラテスは憑《つ》かれたようにこの上なく青年の美しく濁りない魂を愛した。魂が美しく善くたもたれることを、はげしく願ったのである。アポロンに召され、この上なくこの神の命じ給う人間の心の浄化と貧しさの知恵に、ソクラテスは徹したのである。

ここにのべられている「心の浄化」と「貧しさの知恵」は同じことを指します。その「貧しさの知恵」に徹したソクラテスの哲学精神について、著者は、「古代篇」（二〇五頁）で次のようにのべています。長くなりますが引用してみます。

晩年彼がますます洗うがごとき赤貧になっていったのも、アポロンの神託に従って人間の貧しさの知恵の道にひたすら従ったからにほかならない。ソクラテスの哲学精神とは、いわゆる「汝自らを知ること」すなわち人間は所詮神の知恵には至りえず、その貧しさゆえに神の知恵をこいしたい希求し努力する、いわゆる「知を愛す《ソピア》を《ピレイン》する」、すなわち「愛知の術」（《ピロ》-《ソピア》）にほかならない。貧しい人間の本性の限界とその無知をきびしく骨の髄まで知ることが、魂の浄化となる。彼をして、「ギリシアに彼より賢いものはいない」という神託までも吟味するようにさせたその批判精神も、この謙虚な哲学精神に貫かれているがゆえに、神からも許されるのであろう。

　このことから「貧しさの知恵」とは、一般に「無知の知」と言われているものであると言ってよいでしょう（もっとも一般に流布した「無知の知」という表現（およびその理解の内容）については注意が必要で、近年、納富信留氏により「不知の自覚」と表現されています。ここでは復刻版ということから「無知の知」のままとします）。著者は「無知の知」に「貧しさの自覚」あるいは「貧しさの知恵」という表現を与えます。その哲学精神はあくまで謙虚であり、きびしいものであるとされます。ソクラテスは「貧しさ」を自覚するがゆえに、「生きる知恵」を求め、この意味で彼の生き方に哲学の精神が示されることになります。「古代篇」の「まえがき」でものべたことですが、著者は、こうしたソクラテスの生き方に共鳴し、「貧しさ」を自覚し「生きる知恵」を求めた記録として『人間の知恵の歴史』を書き上げたのでした。

　したがってソクラテスの精神は、「古代篇」だけに限らず、このあとにつづく「中世篇」と「近代篇」にも受け継がれていると言ってよいでしょう。例えば「近代篇」で論じられているデカルトについて著者は、ソクラテスの吟味と賭けとが、ソクラテス自身にまたとない貴重な無知の知を教えたように、デカルトもあらゆるものを懐疑にかけて浄化し、この無知の知に浄められたいと念じ、思考をすすめた結果、ついに存在の根の根の確実性、ソクラテス的無知の知に達したと悟るようになった、と思う。

のべます。

と理解します。また、スピノザについても同じようにソクラテスの系譜を継ぐものとして以下のように

もちろんスピノザの神もきわめて理性的であったし、完全であったが、それだけに自分以外の実体は許さなかった。いや、スピノザの神への帰依が、貧しい人間の精神など、とても実体化できなかったのである。こういうところにソクラテスの哲学精神である無知の知は、デカルトにおいてよりもはるかによく生かされているように思われる。

と。科学と宗教に関してもその典型的な人間像を提示するとき、「貧しさの自覚」からその記述がはじまります。したがって、「古代篇」から「中世篇」、そして「近代篇」にかけての全体がこのテーマで貫かれていると言えます。さきの「古代篇」の「まえがき」でのべたように、『人間の知恵の歴史』執筆のきっかけは哲学史の教科書を書くことにありましたが、その動機は、危機的な時代もしくは現実と向き合った著者が「貧しさ」を自覚し「生きる知恵」を求めたことにあったと言ってよいでしょう。

## 「中世篇」の特徴について

それでは「古代篇」に描かれた今見たような「貧しさの知恵」は、「中世篇」においてどのように展開されているのでしょうか。ヨーロッパがヘレニズム文化の流れのギリシア・ローマの古典と、ヘブライズム文化の流れのキリスト教との両者から成り立っていることはしばしば言われることですが、著者によれば、「両者ともに人間としての知恵の自覚を最も高貴な形において噴出されたもの」(七頁)であると言います。前者の知恵は「古代篇」において哲学と科学の知恵として確認されました。これに対して後者の知恵がつくり出したものは、「ギリシア人たちがなしたものよりもずっとすばらしいもの」(七頁)であったと高く評価されます。というのも、ギリシア人が「人間としてなしうる最高のこと」をなしたのに対し、ヘブライの宗教精神は、「人間の限界をはるかに越えて、原生命そのものともいうべき神人・イエスキリストを…示した」(八ページ)からです。したがって「中世篇」の「生きる知恵」は人間の限界の「超越」とかかわり、「中世篇」は神人・イエスキリストという宗教的人間像の典型が描かれることからはじまります(第一章第一節)。「神人・イエスキリスト」と「生きる知恵」との関係は次のように説明されています。

こうして、神人・イエスキリストを原点として、人間の知恵の歴史は質的な転換を遂げ、今やまったく新しい宗教時代がはじまったのである。人間としての苦しみの極みと歓喜の極みがこの原点で結合されるという奇蹟がキリストによって成就された。これはまったく新しい中世時代という不思議を創ったし、その光芒は近代にも現代にも広く遠く輝きつづけた。

人間の「生きる知恵」は質的な転換を遂げたことが告げられ、「中世篇」の記述において人間の「生きる知恵」は「古代篇」の「知恵」とは異なったものとして描かれることになります。詳しくは第一章第一節で説かれるところですが、このことからも、中世とは単純に古代と近代の間にある時代であるとは考えられていないことがわかります。むしろ、中世には中世独自の新しさがあることが指摘されていなす。半世紀も前に書かれたにもかかわらず、本書には暗黒の中世というイメージがまったくありません。古典ギリシア・ローマとは異なった新しい世界が開示されたことがはじめに宣言されます。

だからなのでしょうか、「中世篇」の目次の構成を見てもわかるように、通常の哲学史による中世の描き方あるいは見せ方とは大きく異なっています。本来なら古代において論じられるべき主題が、この「中世篇」で多く論じられているからです。これが本書の第一の特徴であると言えます。質的に転換した「生きる知恵」を提示するために「中世篇」は構成されていると言えます。第一章は、通常ならすべて古代として論じられるべき内容です。また、「封建」という閉じこめられたヨーロッパの中世の世界を論じるためには、ヨーロッパ圏以外の世界の理解が必要になってくると著者は言います。つまり、イスラム帝国の存在によって、またイスラム帝国の他の文明との交流によって、インド・中国の古代文明についてもここ「中世篇」で論じられることになります。

さらには、他の文明を描くことにより、比較の視点からキリスト教の特徴があぶりだされます。つまり、キリスト教の「生きる知恵」の超越性と普遍性が指摘されます。超越性とは、さきほど触れたように人間の限界（ギリシア的な分別知）を超えることであり、普遍性とは、その宗教が内面の影響において世界的な浸透力をもち一民族の中にとどまらずに世界性を獲得していくことです。古代中国はその思想においても宗教においても、依然として自民族の中にとどまって世界化しませんでした。つまり、普遍性を得られず、世界化しなかったわけです。この意味で著者はキリスト教を高く評価します。キリスト教の知恵は私たちに、人間知を超えたところから世界を見る視点を与えてくれるからです。本書（九頁およびニ二四頁）ではreligionの本来の意味で、宗教とは、絶対的な超越者である神、すなわち「人格神」との結びつきであることが確認されます。著者は、中国のそれと比較して次のようにのべています（本書ニ二四頁から引用）。

神という永遠にして完全な存在性格と、人間という可死的不完全な存在性格の、根深い断絶への思いとその対決、またはその解決へと肉迫する底の〝religion〟（人間を神と再び結びつける）の精神としての「宗教」は、中国においてはどうも生まれてこなかった。

と。本書を読むと、中国に対する著者の全般的な評価について今の人であるならそのまま受け入れるのに抵抗があると思われます。このような評価の仕方に半世紀前に書かれたことからくる時代性を読みとる人がいるかもしれません。しかし、世界性を帯びる契機となった神人・イエスキリストのような存在は中国に生まれなかったことも事実です。

いずれにしても著者は、religion としての宗教であるキリスト教には聖書を通じて近づいたようです。私の手元には著者が所有していた『新約聖書』があります。ギリシア語訳の表紙の裏には一九五〇年七月一日と、ラテン語訳の表紙の裏には一九五二年に二月一日と、購入の日付が記入されています。日付からラテン語訳は大学院進学の直前に購入したことがわかります。とくにギリシア語訳聖書には丁寧に読んだ形跡があります。「生きる知恵」を求めて読んだのは、神学者の著書だけでなく、何よりも第一に『聖書』でした。「宗教では旧約・新約の知恵を…とり上げた」（「古代篇」六頁）と言っています。「中世篇」でイエス・キリストにつづき、第一章第三節でアウグスティヌスを詳しくとり上げたのも、旧約・新約の知恵によって導かれているその様子を描き出すためでした。中世にとって最も重要なのは、つまり「生きる知恵」の宝庫は、『新約聖書』です。封建社会の成立と崩壊の間で新約の知恵がいかに受け継がれてきたのか、それを描くのが「中世篇」でした。このことからもやはり通常の中世哲学史の記述とは異なってこざるを得ません。哲学史を読んで歴史的な知識を得ることも重要ですが、生き方を問うことから哲学史に近づく仕方もあるというわけです。この点も本書の特徴と言っていいでしょう。

また、国家や文明が豊かさの中に頽廃して衰退することがあるように、人間の知恵の継承に関しても、「おごりの道」を進むのか、それとも「貧しさの自覚」の道を選ぶのかによって、「豊かさの中」に埋没してしまうこともあると言います。人間の知恵の歴史について次のようにのべています（六八頁）。

人間の知恵の歴史では、過去のすぐれた遺産をできるだけ立派に自主的に受け継ぐことによってより大きく発展していくことが大切なのである。

と。なぜ大切なのかと言えば、この箇所のあとにつづけて言われているように、模倣ではなく自主的に受け継ぐことによって新しい世界がつくられるからです。つまり、「古典ギリシア・ローマの知恵」を自主的に受け継ぐことによって中世という「新しいヨーロッパ世界」（六九頁）がつくられたからです。このことを一般化して言えば、その「遺産」を受け継ぐのは、現代に生きる私たちでもあると言ってよいでしょう。時代や現実に盲目的にならず翻弄されないためにも、したがって時代の中に閉じこめられないためにも、今の時代を生きる私たちが「貧しさ」を自覚し「生きる知恵」を求め、先人からそれを受け継ぐことが必要とされているのです。このことは、田中美知太郎が『時代と私』（新装版、一九頁）の中でのべている、今の時代から一歩先を行くことにつながるのだと思われます。

時代の波に流されてしまえば、われわれは盲目のうちに自分を閉ぢこめることになるけれども、しかしわれわれが正気を保つている限り、われわれの意識は流れの上に出ることができるのであつて、いはゆる時代の進歩は、いつもこのやうにして一歩先に出る意識から始まつてゐる。

とのべているように、「正気を保つ」ことは「時代から離れる意識がいくらかあることを自覚」（『時代と私』二一頁）することであり、本書の言葉で言い換えれば、貧しさを自覚し生きる知恵を求め、先人から受け継ぐことです。謙虚さを忘れ、自尊して傲慢になったとき、哲学者は時代の波に足をすくわれることになります。

## 表紙絵について

表紙には三人の人物の肖像が描かれています。アウグスティヌス、ベネディクトゥス、そしてトマス・アクィナスです。アウグスティヌスについてはさきに触れたとおりです。ベネディクトゥスについては詳しくは本文の記述に譲りますが、彼の創設した修道院はヨーロッパ修道院の模範となりました。修道院の生活は「中世キリスト教会の知恵」（四頁）と言えるものです。その役割について著者は、

小さくて貧しい精神にかえることによって、そこから各人が豊かなものを獲得していく過程が、中世ヨーロッパ世界全体の大きくエネルギー化するプロセスである。

とのべています（四頁）。

そしてトマスですが、彼はスコラ哲学の大成者としてたしかに一般的に高く評価されています。しかし、本書では特に目立った書かれ方はされていません。彼は、アリストテレスの哲学を消化することに

よってキリスト教神学の体系化を試みました。その『神学大全』は神学という題名にもかかわらず、内容的には中世の学問の集大成であり、スコラ哲学の金字塔と言えるものでした。けれどもトマスは、その『神学大全』を「藁屑」も同然と言い放って途中で書くことをやめてしまいました。それで未完の書となっています。もっとも本人が執筆を中断したとしても、『神学大全』の価値が変わるわけではありません。このエピソードについて著者の大槻は、明治薬科大学の最終講義でも触れていましたし、また、著者の指示で、パラケルススの翻訳のときに私が付けたトマスへの訳注にそのエピソードを入れることになりました。おそらくトマスのこの行為は、著者にとって非常に気になることであったのであろうと思われます。著者自身も、『人間の知恵の歴史』を、執筆から数年後に封印していたからです。封印したと言うと大げさですが、「傲慢」であるとして反省し、雑誌記事などの著者紹介欄には本書が言及されることはありませんでした（かなり晩年になってからは本書のタイトルを再び紹介欄に見るようになったので、若いころの自分を受け入れる気持ちになったのであろうと思われます）。トマスになぞらえたわけではないと思いますが、私としては関連づけたい気持ちが湧きます。いずれにしても『人間の知恵の歴史』のことを振り返り、著者は次のように書いています（「薬学史の文献資料研究をとおして見たもの―ギリシア語・ラテン語などの原典研究の体験から―」、『薬学図書館』一九八七年三二巻二号六九～八六頁、日本薬学図書館協議会）。

全世界（ヨーロッパも中近東もインドも中国も日本も）の思想を歴史的に網羅するじつに大胆な著作

を書いたことを苦々しく想い起こすことがある。『人間の知恵の歴史――宗教・哲学・科学の知恵をとおして見たもの――』（一九七二年、原書房）という拙著のことである。まもなく私は以上の浅はかな渉猟を深く恥じるようになった。高く高く雲の上に見えかくれする形而上学にいきなり飛躍的にとびつくよりも、まず地上に広くうずくまる裾野の道から、大地に足をしっかりつけ、苦労しながら登ることが必要だと考えるようになった。そして、動物学・植物学・鉱物学・医学・薬学・錬金術・天文学、その他、数学・物理学といった科学文献の古来からの原典を中心に、具体的に勉強する必要を痛感した。

こうのべています。実際、『人間の知恵の歴史』を刊行したあと、五〇歳前後のころになって大部な語源辞典を二冊刊行したのを皮切りに、それ以降、科学史・医学史における原典翻訳研究の成果を次々に出すことになります。順次あげてみると、パラケルスス（五四歳）、ヒポクラテス（五九〜六二歳）、ケプラー（六〇歳）、テオフラストス（六二歳）、プリニウス（六八歳）が、いろいろな出版社から刊行されました。

上記に引用された自己批判を読む限り、たしかに大きく研究の方向を変えたようにも見えますが、『人間の知恵の歴史』を読むと、かえってむしろ本書を執筆したからこそ、その後の歩みが方向づけられたようにも思えます。本書には、ヒポクラテスやアラビア錬金術などの項目にも多く費やされていますし、しかもその「あとがき」にはこのような執筆をすること自体が「貧しさを忘れた」大それた試みであったかもしれないと真情を吐露しているからです。したがって、一見して方向転換したかのように見えても、「貧しさの自覚」としてしっかりつながっていると言ってよいでしょう。

本書は哲学史の教科書として企画されたとはいえ、哲学史的な知識を得るには、網羅的に書かれていないために十分であるとは言えないかもしれません。けれども、今を生きる私たちが中世の哲学に近づくきっかけになるのではないか、また、その中世の哲学が現代人の私たちに生きるヒントを与えてくれるのではないか、そう期待してもよいということを本書は示しえていると思います。

*

今回も多くの方々の支援を受けました。今日の困難な出版状況の中、復刻版シリーズとして継続して出せたこと、コスモス・ライブラリーの大野純一社長には衷心よりお礼申し上げます。編集に関しては大野社長と棟高光生さんから、校正に関しては高橋邦彦さんから有益なご助言をいただきました。河村誠さんには素敵な装丁に仕上げていただきました。坂本正徳先生（明治薬科大学元学長）、岸本良彦先生（明治薬科大学名誉教授）、大槻マミ太郎先生（自治医科大学教授）、そして大槻真一郎先生を慕う方々、「古代篇」を読んでご連絡を入れてくださった方々から、ご支援の言葉を頂戴しましたこと、この場を借りてお礼を申し上げます。

二〇二〇年五月

澤元　亙

# 第二部　中世篇

## ——中世概観——

中世の世界はキリスト教の宗教の世界である。しかしこれはヨーロッパ圏にかぎられる。ギリシアのポリスの神話が失せ、ローマの世界帝国の神話もその生きた精神を失ったとき、そこにあらわれ、新しい中世の神話となったものがキリスト教であった。これは神話というよりも、鍛えに鍛え抜かれた愛と貧しさの活々とした精神そのもの・生命そのものであった。しかもこれは折もよし、広いローマ世界帝国というう ち開かれた視野の中におどり出た。これは、ギリシアやローマの分別知のはるかにおよばない深い広い人間の精神の深層をえぐり、すべての人間にまったく共通した尊い魂の価値を教えた。

ここでは、ギリシアやローマの分別知で分けられてきた階級・等級の差も民族・部族の差も、すべてきれいさっぱりとかなぐり捨てられた。キリストの精神は最上層から最下層まで、等しく人間として生きる喜びを与えた。そして、何よりもこれが中世の諸蛮族の荒れ狂ったヨーロッパ世界をすべてキリスト教化し、恐るべき破壊のエネルギーを立派な建設のエネルギーとして、秩序と生産的に生きる中世の知恵を与えた。

中世ヨーロッパ世界に、やがてローマ・カトリック教会の教王権（法王権）とならんで、もう一つの勢力となるゲルマンの帝権は、封建時代を迎える。しかしこれは、すべて中世という世界が生きていくための知恵であった。しかしこの中で、中世世界はかえって独自の文化、生きる知恵を自分の力で見つけることができ、それを土台に強い自覚をもって、近世の広い新しい世界におどり出ることができた。

中世に封建という閉じられた社会ができたこと自体、キリスト教の愛のはてしない光被《こうひ》や広い宇宙意志があろうとする宗教と矛盾するものがある、と考えられるかもしれない。しかしこれは、ローマ世界という切り開かれた世界が混迷のうちに沈んだことからくる当然の傾向として、人びとはひとまず、寄る辺なき身をキリストの教える尊厳な自分一個の魂そのものにかえることで癒した、といえよう。修道院生活は、こういう情況から生まれた中世キリスト教社会の知恵であった。このように閉じこもることによって、そこから次に大きく開かれるべき力を営々として築きあげたのである。小さくて貧しい精神にかえることによって、そこから各人が豊かなものを獲得していく過程が、中世ヨーロッパ世界全体の大きくエネルギー化するプロセスである。中世世界に美しく優雅にあるいはきびしく荘厳に、天を摩《す》るように建立されたロマネスクやゴシックの教会、そこには中世人の夢があり、無限の尊厳と愛をもつ神への美しい祈りの姿がある。この中世は、現代にも厳然として立っており、近世も現代も、これを決して忘れ去ることはできない。

しかし他方、バベルの塔をつくろうとしたローマ・カトリック教会の特権化した僧侶たちのエゴは、すでに営々辛苦、善男善女の築きあげた神の富を私物化することで、きびしい神罰を受けなければならなかった。法王権の恐ろしい帝国主義化は、当然の復讐を受けて衰退の運命をたどらねばならなかった。そしてそれは古代においてもそうだったが、またしても襲った醜怪な中世の恥部であった。

ところで封建という閉じこめられた中世の性格は、一つにはヨーロッパ圏以外の世界を考えなければ理解できなかった。それはまぎれもなくサラセン帝国（イスラム帝国）の存在である。サラセン（イスラム教徒）が南から西から東からヨーロッパ圏を封じこめたことも、中世封建の原因の一つであったのである。そういう意味で、古代よりもはるかに拡大された中世世界におどり出てくるアラビア・サラセン国家の盛衰のあとと、この国の文化要素、人間の知恵の歴史に果たしたその役割について、触れる必要があった。それとともに、アラビア圏が交渉し、やがてヨーロッパ人たちに身近になっていくインド・中国という文化圏も、中世であつかう必要が生じた。中世のヨーロッパは、彼らからも実際に多くのことを学び、宝島のような、東洋への開かれた夢を大いにそそられたからである。

こうして結局は、キリスト教本来の開かれた世界精神は、中世という世界でその準備をととのえ、近世に飛翔するのである。個々の貧しい一つの魂に閉じこめられながら、まだはっきりした近世の自覚には達していないが、それそのものの無限の性格から発展のエネルギーをつかんでいく過程が、中世遍歴の歴史なのである。

近世（近代）への業《わざ》と知の自覚は、中世末にあらわれたギルド、ギルド的大学のおこりとなって近世への科学の大きな導火線となる。現代の大学のおこりもその直接の源泉は中世にある。中世はとにかくわれわれにとって遠くてきわめて近い存在なのである。

# 第一章　神と人間
## ――中世キリスト教神学の基本性格――

### 第一節　新宗教時代の到来
#### ――宗教の代表像・神人イエスキリスト――

哲学・科学という知の冒険がギリシア人の所産、ギリシア精神の結晶というなら、宗教という人間の神への賭け、人間精神の道徳的正義への情熱の冒険は、ヘブライ・ユダヤ人の所産、ユダヤ神教の結晶といえるであろう。両者ともに人間としての知恵の自覚を最も高貴な形において噴出させたものといえるし、両者ともにすぐれた人間形成への英雄的挑戦があった。ギリシア思想そのもの、ヘブライ・ユダヤ思想そのものは、それぞれがすぐれた結晶として異質なものでありながら、結局同じ世界（ヘレニズム世界、ローマ帝国）にもちこまれて混ざりあい、新しい結晶をなすに至るのであるが、古代を制覇してそこに高貴な花を咲かせたギリシア思想が後退したあと、たくましくその原生命のエネルギーをもって中世時代を制覇し、それを新しくつくりかえ担うものが、ヘブライ・ユダヤの宗教精神であったのである。

これがつくり出したものは、ギリシア人たちがなしたよりもずっとすばらしいもの、いやまさに奇蹟であった。ギリシア人は人間としてなしうる最高のことをなした。しかしヘブライの宗教精神は、人間の限界をはるかに越えて、原生命そのものともいうべき神人・イエスキリストをわれわれの眼の前にはっきりと示したのである。古代の高貴な精神が衰退し、人間が動物におちんとしたとき、それを救ったまったく新しい生命がキリストであった。最も貧しくて最も豊かなこの愛のいのちが、どれほど人間世界を富ませたことであろうか。しかしこの豊かさは、古代末にあらわれたヘレニズム・ローマといううち開かれたまったく広い世界視野の中で得られたものである。このことを忘れてはならない。この中に混淆したいろいろな要素が、キリストという中核をキリスト教という新しい福音の宗教に育てあげていったからである。その意味では、新しいキリスト神人宗教に対して果たした他の要素の功績もほめなくてはならない。オリエントの要素、ギリシア・ローマの要素など、人間の長い間にわたって蓄積された知恵の数々である。この意味ではヘブライ・ユダヤの奇蹟は単に一民族のものではなく、人類全体のつくりあげた奇蹟というべきであろう。しかしその核はどこまでもユダヤであったのである。

　ユダヤ人は世にも残酷に迫害されつづけた民族の宿命をもちつづけていた。虐待された人びとはこれまで数かぎりなくいたが、これほど集団で虐待されながら、自分たちの正義を守り、宗教を守りとおしてきた人びとはいなかった。この懊悩の歴史が、一貫して生きつづけようと努力したユダヤ人に、宗教の奇蹟をなさせる因果となったことは疑いない。ユダヤの宗教を理解する上で何よりも大切なものは、その契約思想・律法思想の問題であろう。ヘブライ・ユダヤ（イスラエル）人たちの祖先である義人・アブラハムに召命がくだり、ヤハウェの絶対神がこの民族を嘉《よみ》したもうたそのいきさつについては、すでに序説（二）でも説明したとおりであるが、そこに契約の思想がはっきりあらわれていた。契約を結んだ神は、あとにもみるようなギリシアの「不動の動者」という静的非人格の神では決してなく、はげしい動の「人格神」であった。アブラハムにあらわれた神は、自己に感謝し奉仕を求める契約の主であり、正義を愛するものをこの上なく愛する神であった。この神を信じ、この神にすべてをかけたのが、とりもなおさずアブラハムであった。そしてこの神への〝religion〟（結びつき、宗教）からユダヤ神教が結晶したことを注目しなければならない。

こういう徹底した性格の一神教は、世界に三つ（ユダヤ・キリスト・マホメット教）あるが、それらがすべてセム族の地盤において発生し、ユダヤ教がその母胎となっているほどに、それは宗教世界の豊穣の女王なのである。これほどの母胎であり原型であるユダヤ教が、また驚くべき排他の宗教であるところに、この宗教精神の不思議も存在する。

悪業の多い人間の営みをつづけるメソポタミアの高度に発達した多神教文化の中から、ヘブライ・ユダヤの一神教は発生した。そして多神教文化をしり目に、ひたすら一なる神との契約に忠実にまったく素朴に生きつづけてきた。これら一団の部族グループは排他・攻撃的な非妥協の一派であった。それだからこそ、また周囲からも余計きびしい迫害を受けた。が、同族の脱落していくものをしり目にしても、残ったものでますます結束を固めていった。アブラハムによって契約宗教が決定的第一歩を踏み出したとするならば、この宗教の第二の展開は、モーセの律法によるものであろう。こののちヘブライ・ユダヤ人（イスラエル人）たちは長い荒野の放浪生活から定着生活に入った。アブラハムの「エジプト下り」

のあと、苦しい数々の試練をへて、モーセの指導のもとに「約束の地」カナンに定住したとき、彼らは彼ら独自の祭儀と律法をもつことになった。精神的にも政治的にも成長した彼らであったが、アブラハム族長時代の精神はちゃんとしっかり受け継がれていた。ヤハウェ信仰は、時代を越えてやがては民族をも越えて、人間すべてに定着できるようなある深い深い原生命的なものが隠されていた、ということを否定はできないと思う。多神教で多くみられたような、そのときどきの、またところどころの限定を受けない普遍の要素が、深く秘められていたのである。『出エジプト記』のヤハウェの次の言葉は、その意味できわめて印象的であると思う。

モーセ——古代イスラエルの指導者。神ヤハウェによりイスラエルの民を導きエジプトを脱出、シナイ山で神との契約を結び、民に立法を与えた。

モーセが神に言った、「ご覧ください。わたしがイスラエルの子らのもとに行き、「あなた方の先祖の神がわたしをつかわされた」と彼らに言うとき、彼らがわたしに「その名前は一体何というのか」ときいたならば、わたしはどう彼らに答えたらよいのです」。神がモーセに言われるのに、「私は在りて在る者である」。また言われた、「イスラエルの子らにこう言いなさい、「〈わたしは在る者〉がわたしを君たちのもとにつかわされた」と」。神が今一度モーセに言われた、「イスラエルの子らにこう言いなさい、「あなたの先祖の神、アブラハムの神、イサクの神、ヤコブの神、ヤハウェがわたしをあなた方のもとにつかわされた。これが永遠にわたしの名であり、これが代々わたしの呼び名である」と。……」。

（『出エジプト記』第三章、一三〜一五節）

こういう言葉から、よくヤハウェとは「在るもの」という意味であることが指摘されるが、たしかにこの神は一切の偶像を拒否するいわくいいがたい秘密の存在の神である。人間は多く死という秘儀においてはじめてこの神を見ることができる、といわれる。モーセといえども、この神の畏怖すべき輝きをそっとかいま見たにすぎない、といわれる。

この神の世界創造のはじめにもあったように、ノアにあらわれ、アブラハムにあらわれたものは、義《ただ》しい者のための神、正義の神、イスラエル民族真正の社会のための神であった。この神はどこまでもイスラエル人（ヘブライ・ユダヤ人）のための神なのであるが、そこに社会正義をどんなことがあってもつらぬきとおすことができるために、この民族を嘉《よみ》したまうとすれば、この神は、この民族を通してはげしい人間正義を愛し、人間に履行させようと迫る神であった、ということができるであろう。

しかしこの神は、他の民族とではなく、イスラエル人と契約を結んだのだとすれば、やはり依然としてイスラエル人を守護する神でなければならない、というのがこの民族の信念であった。イスラエル人が一国家として成立すると、アブラハム族長時代よりも、その祭式は当然より進み組織化される。しかし他民族のようにけばけばしいものではなく、依然として素朴なもので、モーセ精神は失われていない。神をかたどるいかなる偶像も許されはしなかった。しかしだんだん発展していくユダヤ人たちやユダヤ教を守り民族の団結を強化していくためには、どうしても律法が必要になったのである。しかしこの律法の精神には、依然として次の美しいヒューマニズムの精神のひらめきがあることを忘れてはならない。

貧しい者に金を貸すときには、彼に対し暴利をむさぼる者のようであってはいけない。君たちは彼に利息を課してはならない。

（『出エジプト記』第二二章、二四節）

とか、

もし君が隣人のマントを質にとるようなことがあっても、日の没するまでにそれを彼に返さなければならない。

（同上、二五節）

などにみられる言葉の端々には、あとのキリストの精神に通ずる善美な人間精神が脈打っているのをみるのである。

モーセの後はユダヤ王国時代を迎える。王国の消長があり、その間にも外来文化との接触によって、イスラエル宗教の純粋性がたえず危険にさらされた。しかしその間、たえず預言者があらわれ、その真剣なきびしい荒野の声は、形式形骸に成り下がっていく祭儀に対して、また政治的野合に成り下がり腐敗していく現実に対して、きびしい正義・道徳を叫びつづけた。祭儀が政治権力の支配下におかれることに、純粋な宗教の預言者たちは、全身全霊をふるわせて反対した。

ユダヤの宗教には、アブラハム、モーセというべいわば歴史時代以前の偉人たちがあらわれたが、何よりも大事なユダヤ宗教のキリスト教転生への奇蹟の立て役者は、何といっても預言者たちであった、といわなければならない。彼らは、人間精神の奇蹟をなしたヘブライ民族思想の深奥の声を、たえずその堕落から救い、その精神の秘奥からその内なる神の声をきき、それを烈火のような言葉で同胞民につたえ、ユダヤ一神教の本髄を啓示してきた宗教の雄々しい戦士たちであった。

預言者の時代は、ユダヤ宗教が内部から崩壊する最も危険な時代であった。王国の権力的野望、偶像によって帝王の威信を民衆に示したい、という為政者の野心、そこから当然おこってくる儀式への執着、そうした精神の堕落の危機にあった。そういう危急存亡のとき、サムエル、エリア、エリシア、アモス、ホセア、イザヤ、エレミア、エゼキエル、ネヘミア等々の預言者たちが、前十一世紀から六〇〇年間ほどにわたってその心底からの霊感を、そのまま言葉にして吐露したのである。それはまさに壮絶といわねばならない。彼らの宗教的情熱は、王といえども容赦することなく、正義をつらぬいた。どの階層であるを問わず随意に、身分の高い者から羊飼いや百姓に至るまでの預言者の階層の厚さは、いかにこの宗教エネルギーが民族的な血となり肉となっていたか、を物語るものであろう。預言者の言葉は、あらゆる人間の利害打算をかえりみず、純粋な熱情で吐露されたものであった。

だからそれは、民の声となり神の声となり、人間そのものの原生命に触れるものとして、結局民族のワク組を越え出ることは必然であった。しかしそれはどこまでも民族の個性に徹したものでもなければならなかった。世界化・普遍化へと向かう潮流の中で、その民族性をどのように開かれた世界に昇華させていくか、それともあくまでも純粋に閉じられた世界の中に保ち深めていくか。この二つが激突して、それぞれが激流となってほとばしり出るのはまた必然であった。これはまさしく、普遍化精神と個性化精神という両巨頭の壮絶なギガントマキアでもあった。そしてその一方（個性化精神）は原初の契約と律法に忠実に今なお民族の神に祈りつづけるユダヤ教として存続したし、他方（普遍化精神）は、これを母胎として生まれたキリストの「神・人宗教」あるいは愛の宗教となった。

預言者たちが、苦難の中にあって人間の精神をどんどんきびしく鋭くほりさげて、燃える生命の根源に至らんとしたとき、どのみちその人間は、もはやユダヤ人たちのワクを越えて人間そのものの問題に拡がり、同時に先鋭化し深まらないではいかなかった。が、そのように拡げられ深められていくには、さらに活々として燃えるはげしいエネルギーが創られ貯えられていなければならない。そしてそのエネルギーとは、何としても原生命としての神そのものにまで至らなければならなかった。こうしたときに、ついに預言者イザヤに至って、メシアの思想として結実するものがあった。アブラハムの子孫は、この

「神によって油を注がれたメシア」という理想的な王者によって栄え、全世界・全人類は正義と平和を享受することができるのであり、ここに至っては、ただひとりユダヤ民族の救いだけでなく、人間全体の救いが実現されるのである、という思想である。

しかもこれは、メシアの犠牲という自己を投げ出す受難において実現されるのである。個を殺して全体に生きるという苦難・苦悩の中から、やっとほの見えてくる最上の希望が、ここにはあった。ユダヤ人たちは、まことに正しく善く生き正義をつらぬこうとすればするほど、かえって迫害を受けたり民族の危機をむかえたりする。正しい者がこの世では報いられず、正しくない者がこの世でしたり顔で栄えているというこの矛盾から、ユダヤ人の間にやがて来世への信仰が強く定着してきたのである。そしてユダヤ人の正義への報いが成就されるには、真の正義者は死後に復活をしなければならない、という信仰がひろまったのである。このような時代・社会の背景のもとに、はじめてキリストがメシアとしてあらわれ、死に、復活したのである。

こうして、神人・イエスキリストを原点として、人間の知恵の歴史は質的な転換を遂げ、今やまったく新しい宗教時代がはじまったのである。人間としての苦しみの極みと歓喜の極みがこの原点で結合されるという奇蹟がキリストによって成就された。これはまったく新しい中世時代という不思議を創ったし、その光芒は近代にも現代にも広く遠く輝きつづけた。われわれは近代の最も深いキリスト者パスカルとともに、人間の偉大さと悲惨さとを、神人・イエスキリストの原点においてのみ把握できることを認めなければならないであろう。

キリストについて、これは町の女とローマからの進駐軍兵士との間にできた私生児、いやしい家柄の不義の子である、という説もあった。これは、しかしまたある象徴的な意味をもっている。キリストの愛の宗教によってすべての者にうち開かれていくこの性格は、広い混淆の世界であるヘレニズム世界、ローマ帝国の性格でもあった。閉じられたユダヤ民族の宗教のワクを越え、世界宗教となって世界の人類を富ませるものとなるキリスト教は、使徒パウロ（67†）のこの世界への伝道によってはじめて文字通り世界宗教となった。キリストを誰よりも憎んだパリサイ人としてのきびしいユダヤ教育を受けたパウロが、奇跡の回心をなし、キリストの使徒となり、アテネにローマにと各地に神人・キリストの教えを伝道したのである。パウロがいなかったならキリスト教はなかったとさえいわれる。これほどのパウロの存在は、新宗教時代を開く第二の鍵であった。ユダヤ教に最も徹した者がキリスト教に最も徹する者となるこの奇蹟のおかげで、キリスト教を折もよし、うち開かれた世界帝国に伝播していったのである。

新時代を告げる『福音書』は、この世界帝国第一の文化国語であるギリシア語の装いをつけて、次々

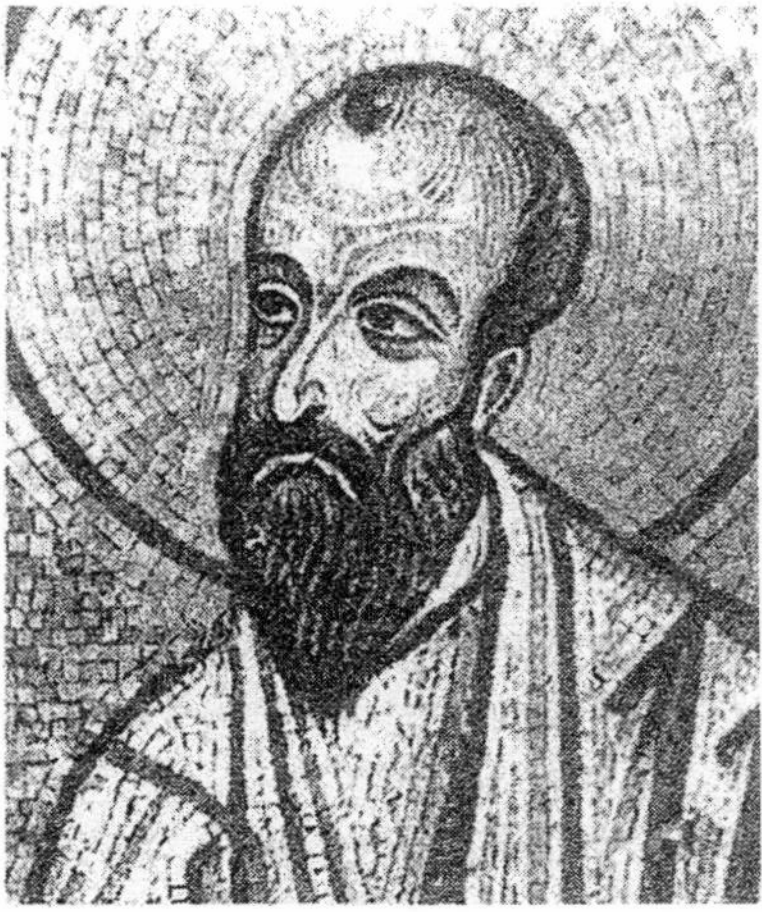

パウロ――パリサイ人のユダヤ教徒としてキリスト教徒を迫害、しかし回心後には生涯をキリスト教の伝道に捧げ、ローマで殉教。ローマ帝国内の普及に最も貢献した。

に編まれていった。紀元一世紀の後半から紀元二世紀のはじめにかけてその結晶をみたといわれる四つの『福音書』（『マルコ』、『マタイ』、『ルカ』、『ヨハネ』）は、このようにしてはじめから世界宗教の性格を身につけていたのである。古代ギリシアは、もって瞑《めい》して次代をこの新生児に託することができたのである。

## 第二節　ヘブライズムとギリシア思想の性格
### ―ヘブライズムの人格神とギリシア的神性―

フランスの知恵の歴史の上だけでなく、人間の歴史の上でも、その宗教・哲学・科学の知恵を通じて注目すべき近代の人ブレーズ・パスカルを襲った霊感、回心の二時間――それは一六五四年十一月二三日の夜におこったものであるが、それをパスカルは恩寵の一六五四年としてきわめて印象的に、

火

アブラハムの神、イサクの神、ヤコブの神、哲学者や賢者の神ではなく……

とつづった。

ここに出てくるアブラハムの神は、パスカルにおいても、哲学者の神とは峻然と区別されてあらわれている。綿々としてつづくヨーロッパの人間精神の歴史に、このヘブライの神とギリシア的思惟（哲学）の神との異質は、たえず問題を投げかけてきた。あまりに異質なるがゆえに両者ははげしい相克となった苦闘の歴史は、陰に陽に種々様々の綾をおった。古代ギリシア・ローマ文化精神を制圧して中世に君臨したヘブライズムのキリスト教、そのあとのギリシア・ローマ文化の復興（ルネサンス）など数々の世界史の問題は、これら異質の両者の離反と宥和をめぐって展開された、ということができる。

この節では、ヘブライズムの性格とギリシア思想の性格のうち、ごく対照的な二、三の点をあげることにとどめるが、上にものべたように、ギリシア思想というのはギリシア哲学者たちの思想の系譜であって、これがアブラハムの神やキリストの神の性格に対置されるのである。

さきの節でもみたようにアブラハムの神は活々とした人格神であり、絶大な権威をもってどこまでも正義を求める神であった。正義を求め約束を守ることを求める神は、何よりも知者であることを求める神ではない。それは、イデアの世界や崇高な第五元素の瀰漫した最高天に静かに存在し、自らは不動で他を動かし自己への愛慕をおこさせるだけの、プラトンやアリストテレスの神性ではない。活々と燃える火、すなわち神的な火を真理として説いたあのヘラクレイトスの神も、それはただ一つの理法（ロゴス）を説いたものであった。このロゴスは、いかにロゴスとはいえ、『ヨハネ福音書』に出てくるキリスト教のロゴスではなかった。ヘラクレイトスのロゴスは、永遠の理法であり静かに深く観想されるものであって、決して自らわれわれに語りかけ、われわれの道義心を責めたり救ったり恩寵を与えたりしてくれる人格神とはなりえないものであった。ギリシアの知恵ある者の最高神は、哲理をわきまえた者によって求められる静かな存在の神であって、これが、パスカルもいう哲学者・賢者なのである。決して権威をもってわれわれに活々と語りかける人格神ではないのだが、キリストが神の子として語る姿は、どこまでも権威者であり、広い愛の父なる人格神の子としてであった。彼は、知者として語るのではないことを自ら宣言する。しかもこの神の権威の前では、人間の知はまったく空しいとされるのである。『第一コリント書』第一章・一九節のパウロの、

　聖書に、「われは知者の知恵を滅ぼし、賢《さか》しき者の賢しらを空しうせん」としるされている

その権威である。この神は、そう欲しさえすれば、何でもできる神であり、人間をまったく超絶した神であり、何事も意のままに采配できる神なのである。

ギリシア思想には、何もないものから何かあるものを創り出すことのできる神を考えることはなかった。「無からは何も生じない」(Ex《エクス》 nihilo《ニヒロー》 nihil《ニヒル》 fit《フィト》)というのが、ギリシア的理性の合理であった。この宇宙の混沌から美しい秩序ある宇宙や万物をつくり出す神も、エンペドクレスやプラトンにあっては、無秩序に混淆した諸元素を美しく結合させる神であって、まったくの無から何かを創り出す神ではなかった。ギリシア思考の中に万物の変化という考えがあるとすれば、それは諸元素の離合集散の変化であるか、アリストテレスに集大成された第一質料から第一形相に至るエンテレケイアの体系などである。こ

の世界体系はそれと決まっていて、質料・形相の織りなす個物の変化はあっても、不動の動者といわれる神は、他のすべてのものを自らの最高形相へと運動をおこさせるにすぎず、ここには永遠の円環の繰りかえしがあるのみで、キリスト教でいう真の一回かぎりの貴重な尊厳な生命の歴史はありえないのである。

　ギリシアに対して、ヘブライの神は、自らの意志でまったく自由に、ギリシア的理性にとっては不条理な「無からの創造」(Creatio《クレアーティオー》 ex《エクス》 nihilo《ニヒロー》) をごく簡単にやってのけるのである。ここにギリシアの「無始無終」の円環的存在の永遠性は崩れ、したがってその永遠性を観想する哲学者の知恵もまったく空しくされ、暗黒にされてしまうのである。ギリシアには歴史があるようであって実は真の人間の歴史はなきがごとくである、とよくいわれる。繰りかえしの中には、一回かぎりの真剣な人間精神の目覚めもしぼんでしまい、単に機械的なマンネリズムの停滞性を生んでしまう。そこには、活々とした生命の原理が失われ、生命そのものが枯渇してしまう危険がある。しかし、キリスト教の人間の把握には、真剣な個々の精神の一回かぎりの歴史があり、人間の真の歴史の開始があるように思われるのである。真剣勝負の情熱の歴史である。ギリシアにも情熱はなしとしない。しかしそれは、主として知的自由の情熱である。ギリシア的理性の自由は、その理性に本来刻印された真理への思慕に目覚め、あらゆる夾雑物からそれを解き放って、理性本来の明るい認識をとり戻す自発的行動、すなわち「知恵の愛」に自ら立ち向かう自由である。しかしヘブライズムなりキリスト教なりの自由はこのような知的自由ではなく、何としても有無をいわせず絶対意志で迫ってくる道義的自由で、その奥底においては神の真理を絶対に受け入れるように強制するのである。ソクラテスにおいてみられるような神への自由な批判精神は、ここではまったくその影をひそめる。

しかしこの真理の受容を迫る絶対強制の神は、何のために人間を強制するのか。それは、専制君主が人民を奴隷のごとく自己の恣意によって権力的に自由に使い利益や快楽をむさぼろうとする絶対強制であろうか。いやそうではない。この神こそは、人間の精神の最も深いところにおいて、人間の自由において、最も活々とした正義を求める神である。そしてこのような正義を履行する者には、かぎりない恩寵を与えるのである。

ヘブライ人（イスラエル人）たちをこの正義を行う民として選び、約束の土地を与えて祝福するというアブラハムの神は、その当初のノアのときから一貫して義《ただ》しきを求める神であった。しかしその正義が長い迫害のこの民族の歴史過程の中で純化されていくうちに、いろいろの民族の間をめぐるうちに、正義を愛するすべての者へのかぎりない愛へ、多くのすぐれた預言者を通じ、キリストを通して深化された。そしてひとたび大きな罪をおかしても、その罪ゆえにまったく悔いあらためその内底の道義心に目覚めた者や、貧しい心をもって神に愛をささげる者たちへの神の恩寵となって、その福音が、キリストによってのべつたえられるに至った。人間の正義をこよなく愛し、ついに人間に恩寵と救済を与えることになる神は、キリストを通してのみそうするのである。厳粛に原罪と死に運命づけられた人間に、救世主キリストの現実をみせることによって、キリストの精神を体するものをすべて許す、ということになった。神の子が十字架上に罪人として死んだという驚くべきこと、しかもその後復活するという不思議は、テルトゥリアヌスのいうように、ギリシアの理性では到底考えられない。

たしかにソクラテスはそのすぐれた徳ゆえにねたまれ告発されて毒殺された。プラトンに義人の磔刑がうんぬんされることもあった。数々の奇蹟、復活の考えもギリシアの民間宗教にみられることはあった。しかし人間への愛から自ら贖罪・救世するというキリストの業《わざ》はどこにも見出せなかった。人間すべてへの広い愛は、古代ギリシアの思想には結晶しなかった。ギリシアの神、哲学者の神は、結局においては冷静・冷淡な神であったが、ヘブライ・ユダヤの神は熱烈な燃える火の人格神であったし、人間への関わりあいにおいて、かぎりない愛の神であったことを、ここで再び銘記しておかなければならないと思う。

## 第三節　教父の哲学

### ―アウグスティヌスの神学―

キリストの宗教は死を生にかえた。この宗教が原生命に深く根ざしているものであるかぎり、これは死を教えるものではなく生を教えるものであった。キリストの原生命は燃えるような生を教えた。活々とした生を忘れていたローマ世界は、一見豊かな頽廃の中でいたずらに生の幻影を求めていた。しかしそれは何かうつろなものでしかなかった。この生の亡霊は狂った吸血鬼のように、キリスト者たちから生の血を求め、彼らを血祭りにあげた。キリスト教徒たちへの恐るべき迫害は次から次へとつづけられた。しかし、かえってそういう残虐行為は、火にそそがれる油のようなものであった。燎原の火のようにキリスト者たちの生の焔は、地下の墓窟（カタコンベ）にこもり激しい抵抗を示した。それでとうとう、ローマの皇帝たちもこのたくましい生の宗教に屈服した。キリスト教はローマ国教として認められ（三一三年）、さらにローマの名を不朽なものとする結果になった。ローマ帝国変貌してローマ・カトリック教会となった、ということができるであろう。

さて、ローマ国教として認められたキリスト教の生の活力は、今や地下エネルギーから地上エネルギーとして噴出した。この地上にまったく新しい何かを形成しようとする旺盛なエネルギーとして、それは中世世界に噴出した。それも、ローマ世界帝国という地盤の上で、普遍的な（カトリック）神の国建設をめざす教会中心の理念においてである。その活々として原始キリスト教の思想形成力は、純粋生命の原点を中心として、はじめは至って素朴・稚拙なものでしかなかったが、熱烈そのものであった。しかし新しい福音は文化国語のギリシア語でつづられた。その表現はいかに稚拙であっても、それは同じギリシア語を通して、これまでのギリシア・ローマを圧倒するものでなければならなかった。広い地平をもつギリシア・ローマ圏でのびる世界宗教であるためには、どうしてもそれが必要だったのである。キリストの宗教が深い原生命からの噴出であり、その形成力が偉大であればあるほど、それは広い深い理論形成においても、ギリシア・ローマを完全に包みこむものでなければならなかった。そのように包括することによって、その狭さ・浅さ・低さを批判し否定していく哲学精神をもつ必要があった。しかしこうしたプロセスには、相当に長い底ねりと形成への予備期間が必要だったことはいうまでもない。
キリストは何よりも学者としてではなく、権威あるものとして、人びとに神へのひたむきな信仰の教えを説いた。しかしギリシアの学問は、いわば知的エリートを対象とし、文盲なる者や身分の低い者などのはるか彼方を飛翔する、自由な誇り高い上層精神の学であった。それに対してキリスト教は、貧しい者・病める者・罪ある者たちにひろく救いと愛をもたらす、いわば下層の者のための教えであった。しかしそれはすべての層にしみとおる深さと広さをもっていた。これは学識のあるアウグスティヌス(354-430)をもつかまえて離さなかった。その事情はキリスト教が彼をして次のように告白させ、ついに回心させるに至った言葉の一端によくあらわれている(『告白』第八巻、八章)。

アウグスティヌス——初期キリスト教において最大の教父。若い頃には放蕩生活を送ったが、回心後には異教徒からキリストの教義を守る教父として活躍。

そのとき「心」という密室の中で、自分の魂に対してはげしくひきおこされた「内なる家」の大乱闘のために、顔つきも精神も動乱した私は、アリピウスにとびかかって次のように叫びました。「どうして僕たちはこんな目にあわなければならないのか。聞きたいかい。学問もしていない人びとがちゃんと立ちあがって天国をつかまえている。僕たちは学識があっても心がないから、こうして肉と血の中を転げまわっている。さきをこされたからといって従っていくのが恥ずかしいのか。せめてそのあとにでもついて行こうとしないことを恥じるべきではないのか」。私は何かこういったようなことを口走りました。

という言葉の中にである。

知ることが第一に必要なのではなく、何よりも信ずることが求められた。だから、キリスト教がギリシアの教養世界（ヘレニズム世界）に放たれたとき、当然そこにギリシア的分別の文化遺産を一括して否定する一団が生じたことは、何ら驚くにあたらない。しかもギリシアの分別知が、ポリスの崩壊とともにもはや昔日の勢力がなくなっていた現状においては、なおさらであった。生命活動は全体としてきわめて枯渇しかけていた。しかしそうだったからこそ、はげしく原生命が励起されたのである。古いものと新しいものとの間にきびしい角遂があったし、人びとの心に深い迷いが生じていた。しかしこういう危機の断崖にたたされたとき、単純素朴な人間の心底からわきおこる本源の精神は、まず自分の中にあるすべての贅沢なものや夾雑物を捨象して、神の前に己れを空しうして立とうと決意した。賢しらな知識ぶる人間知・分別知を捨て去り、虚心坦懐になるとき、そこには無知の知というまったく素直なカタルシスと最も深く神の声をきく耳をもつ不思議へとわれわれは導かれるものである。一切の人間知を捨て去るこの境地にあっては、これまでのギリシアの知識はすべて光彩を失うのである。攻撃的シニカルな表現をすれば、こういうときわれわれはあらゆる哲学を愚弄したい衝動にかられるであろう。謙虚な精神は愚弄するなどというまた別の賢しらをひけらかすことはないにしても、とにかく信仰を純粋に守ろうとする護教家の立場からは、もちろんきわめて急進の一派が生じたのである。それは、直進のあまり、狂信的になってあらわれ、ギリシアやローマの宗教・哲学・科学の一切の知恵を異端として論駁する激越さをもった。

不合理なるがゆえにわれ信ず。（Credo《クレードー》 quia《クイア》 absurdum《アブスルドゥム》 est《エスト》.）

という定式に集約されるテルトゥリアヌス（c.160-222）の反理性・反ギリシアの戦闘的精神がそれである。神の子という尊いものが墓からよみがえることなどは、ギリシアの分別知では容易に考えられない不合理なことであるが、いやかえって不合理だからこそ自分は信ずることができるのだ、という絶対信仰の立場にテルトゥリアヌスは立ったのである。しかし果たしてギリシアの知恵・文化遺産を捨て去るべきか、どう生かすべきか。こういうことをめぐって、キリスト教の形成の過程は右に左に大きく揺れた。正統のキリスト教教義をつくるための難事業が、まさに正統・異端をめぐって文字通り血みどろの内部

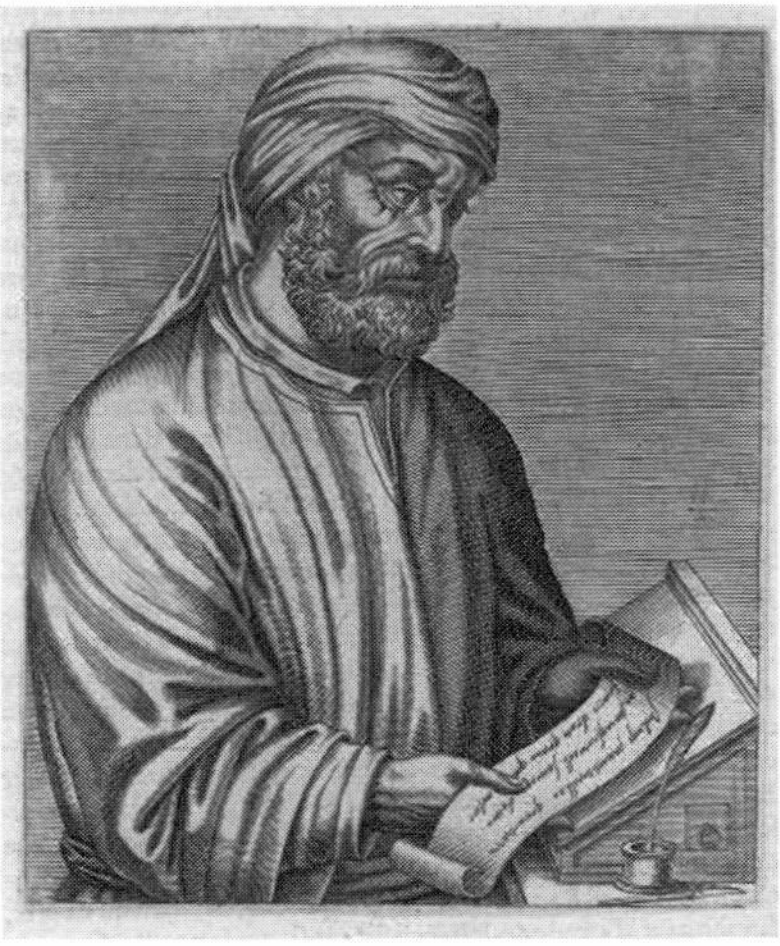

テルトゥリアヌス——初期キリスト教の教父。熱烈な護教家で、異教の学問を排撃。ラテン語における神学・哲学の用語形成に貢献。

抗争をしはじめた。そうした中で、教義の正統性をつくりあげるのに、いろいろの先達があらわれたのである。そうした人たちが、一般には教父といわれる人たちであった。その意味では、さきにあげたテルトゥリアヌスも反ギリシア精神をもった教父の一人といってよいであろう。

しかしもう一方の立場は、教父の中の教父であるアウグスティヌスがとった立場である。『旧約』の『出エジプト記』（第一二章、三四～三六節）に示されているように、イスラエル人たちは、エジプトを去る前に、そこから金や銀の器や衣服、人びとや家畜にいたるまでたくさんのものを奪うようにもち去ったが、キリスト教者もそのようにすべきである、というのである。すなわち、異教国ギリシア・ローマの金・銀財宝にたぐえる文化遺産をごっそりもち去って、キリスト教の宗教を富ませなければならない、というのである。こういう考えをとったのがまさにアウグスティヌスであった。

さきにもみたように、時代の思潮は、ギリシアのポリス神話を捨てて新しい神話を求めていた。この新しい神話は、これまでの大きな世界では埋もれていた『旧約聖書』であり『新約聖書』であった。いとも小さい国で、長い間はげしい迫害と苦難のうちに結晶してきたこれらの書のうち、『新約』は原生命から生まれたばかりの野生の新生児であった。しかしさきにもいったように、これはギリシア語のうぶ衣を着ていたのである。そこに、すでに新生児のギリシア・ヘレニズム世界の性格があった。

たしかに、難しい時代に差し掛かっていた。しかしこの困難な時代に適合しようとして、すでにプラトン哲学は新プラトニズムの神秘哲学の様相を呈していた。そこには、ある変革が予告されていた。新プラトン主義哲学は、キリスト教から転向してきたアンモニオス・サッカスによってその生命を与えられたといわれ、プラトン哲学の捨てがたい真の意味の貴族性が深く濃くにじみ出ているものである。アウグスティヌスの天才がそれを見逃すはずはなかった。この宥和が、アウグスティヌスによって、これまでのすべてを総合して最も美しく成し遂げられたとみるべきであろう。しかしすでにこれは教父といわれるオリゲネスなどおよそ二〇〇年ほど前からの教父たちによっても、徐々に準備されていたことを忘れてはならない。

オリゲネス（c.185-c.254）は、ユダヤ人哲学者フィロンがかつてそうであったように、当時のヘレニズムの学問混合主義の殿堂ともいえるアレクサンドリア市に住んでいた。彼は、新プラトン主義の総合的な創設者となったプロティノスと同じように、アンモニオス・サッカスの門に入っていた、ともいわれる人である。プロティノスがギリシアの知恵の基本線を受け継いだのに対して、オリゲネスは結局『福音書』の真理の方をとった。彼は、福音書によってこそ、人は真の精神の救済を得るのだ、ということを力説した。その福音書は、しかし『第四福音書、ヨハネ伝』にあらわれているように、ギリシアの知恵であるロゴス（言葉）を肉化し、キリストの神に神格化したものである。すでにそこにはフィロンの世界創造神の考えが強く影響していた。絶対超越の神と、この世界との媒介者としての第二の神・ロゴスを説く考え方である。こういう考え方に、アウグスティヌスはたしかに感動を覚えた。しかしそれは新プラトン派を通してである。

しかしそれを彼は『告白』第七巻・九章で次のように述懐するのである。

そこであなたは、まずはじめに高ぶる者を退けたまうが、へりくだる者に対しては大きな恵みを与えられるということ、御言葉（ロゴス）が肉となり人びとの間に宿りたまいて謙遜の道が明示されたのは、実に大きなあなたの憐みによることであった、ということを示そうとおぼし召され、恐るべき傲慢にふくれあがっていた人を通じて、ギリシア語からラテン語訳されたプラトン派のある書物を、私のために配慮してくださいました。

その書物の中に、同じ言葉ではありませんでしたが、内容的にはまったく同じことを、たくさんの、さまざまの論拠によって得心のゆくように読みました。すなわち、「はじめに御言葉があった。御言葉は神のもとにあった。御言葉は神であった。これははじめに神のもとにあった。万物は御言葉によって造られた。……」。

このように新プラトン派のロゴスを読みとったが、しかし結局キリスト教の真髄であるものは読みとらなかった。その間《かん》の事情をアウグスティヌスはつづけて次のようにいっている。

すなわち、「御言葉はご自身の領分に来たりたもうたが、本来御言葉に属すべき人びとは彼を受け入れなかった。だが、彼を受け入れたすべての人びと、すなわち御言葉の名において信ずるすべての人びとに対しては、神の子となる権能を与えたもうた」。

こういうことはその書物の内に読みませんでした。また同様に私は、その書物の中で、神なる御言葉が「肉からでも、血からでも、人間の意志からでも、肉の意志からでもなく、神から生まれたのである」ということを読みました。けれども御言葉が「肉となって、私たちの内に宿りたもうた」ということは読みませんでした。

と。しかしこういうキリスト教の真髄をとらえるまでに、どれだけの遍歴を彼はへなければならなかったことか。以下彼の『告白』を追いながら、回心に至るまでの経過を少しみてみたいと思う。

多情多感なラテン弁論家であり快楽に耽った精力家アウグスティヌスの十年におよぶ青春時代は、東方（オリエント）の影響が非常に強い時代であった。東方の諸宗教混淆の風土、マニ教、グノーシス派などの強い影響を受けた当時の思想界には、悪ののさばり、善の後退といういい知れぬ絶望感、ペシミズムが横行していた。

こういう中でアウグスティヌスの本性は、あのドクター・ファウストのように、天上の最も美しい星

『告白』——全13巻。回心に至るまでの軌跡を辿り、神の探究、将来の展望を記した自叙伝的な告白録。西洋哲学思想史におけるキリスト教的・哲学的なテーマの原点となっている。

と地上の甘美な快楽との引き裂かれた両極端を求めたい誘惑に駆られていた。『告白』第二巻・二章で、

私の肉体が十六才になって人間の邪悪さによって放縦に流れる色欲の狂気が、あなたの律法によって禁じられているにもかかわらず、私を支配するに至り、しかも私がすっかりそれに身を委ねてしまったとき、一体私はどこにいたのでしょうか。

と神に告白する彼は、また次のように知恵の木の実にあこがれる者でもあった。

思えば十九才のとき、キケロの『ホルテンシウス』を読んで、知恵の探究心を呼びさまされて以来、多くの年が（おそらく十二年も）地上の幸福を軽んじ知恵の探究に専念することを引き延ばしてきたのです。

と彼はいう（『告白』第八巻・七章）。ローマの名だたる思想家・政治家であったキケロは、もちろん主としてプラトンからギリシアの知恵の木の実を食べた知者であった。この人から知恵の道を啓発されたのだ、というのである。しかし人一倍肉の快楽を内にはげしくもっていた彼は、まことしやかにプラトンの後塵を守るアカデメイア学堂の懐疑論をたてにとり、

真なることはまた不確実なのだから、虚妄の重荷を投げ捨てる気にはなれないのだ。などと、盛んに言い逃れをしながら（第八巻・七章）、長い間肉の快楽の中に浸っていた。しかしアウグスティヌスの心はすでに逃れようもなくなっていた。あらゆる言い逃れの手立ても尽き果て、魂の真実の声に責めさいなめられつづけて、とうとう内なる家の大乱闘をひきおこした彼は、すっかりとりみだして庭に駆け込んだ、というのである（『告白』第八巻・八章）。

私は内心の動揺に耐えかねて庭に駆け込みました。そこでは、私が自分に対して仕掛けたはげしい戦いを、結末に至るまで、誰も防げるものはないはずでした。その結末がどのような仕方でつけられるかを、あなたはご存じでしたが、私は知りません。しかし私がそのように狂乱したのは実は救われるためであり、死にかかったのは実は、生きるためだったのです。私は、自分が何という悪者であろうかということばかりを考え、その自分が、しばらくののち、どんなに善い者になるかを知りませんでした。

この身もだえは何によっておこったのか。真の自己が欲していることを、別の自己が極度にためらっているからこそおこる魂の動乱、善か悪かのギガントマキア、そのどちらかをどうしても選ばなければならぬところまで追いつめられた意思決定の苦悶、こうしたものがさきの身もだえであったにちがいない。真実な声にただ従っていこうと「欲する」か、「欲しないか」、の問題に彼は血迷ったのである。しかしそれはただ単に「欲する」ことではなく、それは「なす」ことでなければならない。しかしそれは悪の道をとるか善をとるかを説くマニ教のようなあり方ではなかった。

かつて深く泥酔したマニ教からやっと立ちあがりかけていた彼は、同じ巻の一〇章以下で次のようにいう。

神よ、思索する場合、二つの意志が認められるということを理由にして、本性を異にする二つの精神があり、一方は善く他方は悪いと主張する人びとがありますが、彼らを、うそつきで精神を惑わす者たちを滅ぼすように、あなたの面前から滅ぼしてください。

と。善と悪との分裂は、別々にある本性の問題ではなく、むしろ精神の被っている罪の問題であった。ここに、旧約のアダムの自由がもたらした原罪の思想がはげしく波打っているのをみる。事実アウグスティヌスはつづけて次のようにいった。

ですからこの分裂を生ぜしめていたのは、実は私ではなくて、もっと自由な状態にあった人が犯した罪の罰として、私のうちに住まうようになった罪こそは、この分裂の原因でした。実際、私はアダムの子であったのです。

と。こうして彼は、旧約・新約の知恵へとひきいれられた。そして、二つの意志が善悪に分れて相争うのではないことを確信するに至る。マニ教のいうように、善と悪という根本を異にするものは存在しない。二元論はなく、絶対悪はなく、ただ悪は、人間の元祖がきわめてすぐれた意志の自由をもっていたのが、その自由が濫用されたことからおこったものである。

自由意志なるがゆえに、悪へのまた傲慢への悲惨な運命があった。しかしこれは決して絶対善である神の秩序を損なう絶対悪ではありえない。単に人間の道徳悪である。しかしこれが人間の魂を苦悩とほろびに導く恐ろしいものであることは事実である。これは自由という人間へのすばらしい贈りものの代償であったからにちがいない。しかしここに、この悲惨な運命を背負う人間を救う神の恩寵が、キリストを通して与えられた。こういう神の完全な愛にすがらない法がどこにあるだろうか。しかもこれはただ人間の素直な意思次第に任されている。本来の光に向かうなら、それは完全な愛と恩寵が約束されている。たちまちのうちに、かつて闇であったものが、今は主において光となるのである。

ここにキリスト者の奇蹟がある。死であったものが生となる。このような悟り、転機が、アウグスティヌスの長い苦悶ののち、ついにあらわれ、彼の生活は一変した。

深い考察によって魂の隠れた奥底から、自分のうちにあってすべての悲惨がひきずり出され、心の目の前に積みあげられたとき、恐ろしい嵐がまきおこり、はげしい涙のにわか雨をもよおしてきました。私は声をあげて涙を流しつくすために立ちあがってアリピウスから離れました。

こうして一人になろうと、

とあるイチジクの木陰に身を投げ、涙の席をはずしました。

こうして心を打ち砕かれていたとき、

隣の家から、くりかえし歌うような調子で、少年か少女かわかりませんが、「とりて、よめ。とりて、よめ」という声がきこえてきたのです。

この声は外からきこえたものであったけれども、彼の内に響くものであったはずだし、彼の魂の内なるものでありながら彼をこえていた。彼はこの声を、

これは聖書を開いて、最初に目に留まった章を読め、との神の命令にちがいない。

と解釈して、またアリピウスのところにまで戻り、たまたまそこにあった使徒の書の最初に目に触れたところを黙って読んだ。

享楽と泥酔、好色と淫乱、争いと嫉みとをすてよ。主イエス・キリストを看《み》よ。肉欲をみたすことに心を向けるな。

(『ローマ人への手紙』一三章・一三〜一四節)

と。――こうして翻然として回心した彼は、異常な決意をもって完全なキリスト教信者となり、イエス・キリストの完全な「しもべ」となったのである。彼の導き手となったパウロは、決して結婚を禁じてはいなかったが、彼は、こういうこの世の営みからすべて別離して、教会人として全身全霊をあげて布教と教義の組織づくりに専念した。すべての河がローマという大海にそそぎ、またそこから流れ出るといわれるが、アウグスティヌスは、そのローマに象徴される大海として、ローマ・カトリック海を象徴する存在となった。彼を得てキリスト教は大きく成長した。かつての素朴な稚拙な表現しかできなかったキリスト教が、長い準備の後、やっとアウグスティヌスという精力を、学識の持ち主を獲得することによって、キリスト教文化という大きな組織づくりが可能となった。彼の説教は五〇〇以上にのぼり、書簡は二〇〇通をこえ、論説も一〇〇をこえる。この中でも特に代表的なものが、さきにあげた『告白』(*Confessiones*《コンフェッシオーネース》)と『神の国』(*De*《デー》 *Civitate*《キウィターテ》 *Dei*《デイー》)なのである。

ところで、『神の国』(第一巻・三五章)の中でアウグスティヌスはいっている。

神の国の住民と地上の国の住民とは、教会の中にもおり、劇場の中にもいる。

と。神の国の住民は教会人とばかりは限らず、一般市井の中にも異教国にもいるはずである。神の国は眼に見えるような教会として地上にあるというのでもなければ、ギリシアのユートピアのように死んでから行くことのできる国なのでもない。各人の魂の内面の奥深いところにその国はあるはずである。現存するローマ・カトリック教会が、神の国の代弁者として独裁し命令し独善化していくならば、その「ヒュブリス」(傲慢)は、必ずやひどい仕打ちをうけなければならぬであろう。ましてやますます現世化し、善男善女の寄進する財産を一人占めにして豪勢化するならば。こういうプロセスをめぐって、カトリック教会は豊かな発展とそれゆえの崩壊没落を検見《けみ》していくのである。

中世末の教会が、形骸化し頽廃していく深刻な様相がそこにあった。アウグスティヌスをして十二・三世紀から十五・六世紀あたりの教会を見させたなら、その嘆きはいかばかりであったであろうか。アウグスティヌス精神を体してローマ・カトリックにはげしい反旗をかかげ、宗教改革へののろしをあげな

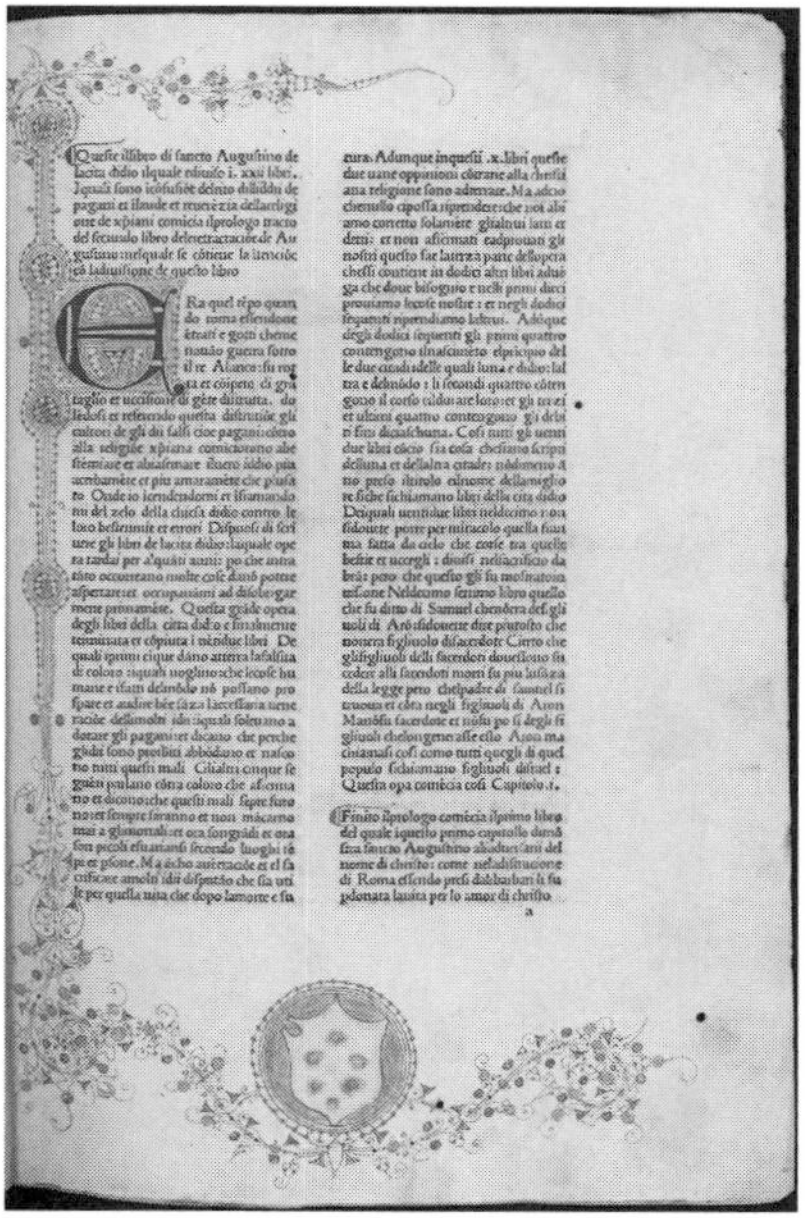

『神の国』――全22巻。執筆に14年(60～73歳)も要する。創造から終末に至る人間の歴史によって神の意図を探る。前半では異教徒への反論を、後半では「地の国」と「神の国」両者の起源・発展・運命を考察した。

ければならなかったルターの立場は、アウグスティヌスその人によって十分に理解されたことであろう。教会そのものを神の国と同一視しようとした中世の過ちは、教会のほんとうの発展を願った偉大な教父アウグスティヌス自身の忍びえなかったことであろう。教会がキリストの福音をつたえるものでありながら、かつてのメソポタミア神権政治の富の私有化の過ちを犯すに至っては、人間の罪状の深さはキリストによってもいかばかりか嘆かれたことであろう。豊かさの中で貧しさの知恵に徹すること、また徹しさせることがいかに難しいものであったか。

アウグスティヌスはたしかに豊かさへの道を開いた。内面を掘り下げて得た核エネルギーを使って、広い深いキリスト神学の大殿堂を打ち立てることができた。かつてのソクラテスの素朴な貧しい魂の遍歴を追求して、プラトンの成し遂げることのできた高貴な知恵の所産よりもはるかに広く深いものを、アウグスティヌスはキリストを追求し自分の魂を追求することで成し遂げた。それが彼の神学であった。

膨大な彼の著作はすべて彼の魂の核の遍歴の経験談であり、肉であり飾りであったにすぎない。一番重要なことはこういうものにあるのではなく、「キリストによって生きる」愛の宗教心それだけであった。貧しく生きることに徹するとき、そこにかぎりない愛や豊かさが恵まれてくるのであることを、彼の告白・彼の回心は如実に示している。こういうことを教え導く安全な道しるべとして、アウグスティヌスの膨大な論述・書簡・説教は、種々階層の人びとに必要となったものなのである。

異教を信ずるものは、ローマの国の内外にまだまだ多かった。真の意味の信仰においては、彼はほとんど四面楚歌の中にあったとさえいえるであろう。そうした中で、豊かさを求める信者たちに、豊かさを与えなければならなかった。彼はあらゆる古代からの富をキリストという生命の炉の中にすべてたたきこんで、それから再生させながら、人びとに真に生きる知恵を教えていったのである。人やものに働きかけるこうした貪欲ともいうべき野生の生命力が、彼のアフリカ的熱情のよくしからしめたものであるかどうかはとにかく、さきにもあげた『出エジプト記』の記事をまつまでもなく、何よりもキリストの広い深い愛の思想に最も深く目覚めたことが、これまでの狭量な護教家たちのスケールとはくらべものにならないスケールで、キリスト教文化への沃野を提供したのである。

　ギリシアのロゴスは、『ヨハネ福音書』にあるようにキリストの神のロゴスに化身したこと、キリスト神学がギリシアの知恵によって豊かに肉づけされたことは、多くの人びとをキリスト教に改宗させるこの上にない力になり、キリスト教文化自体をますます豊かにするのに役立つことは事実であった。しかし、この豊かさの中にまた巨大な危険が存したことも、さきにのべたとおり明らかであった。豊かさの中では、たえず悔いあらためる貧しい心がなければ、非常に危険なものであることは、人間の知恵の歴史がこれまでも何度となく実証してきたし、またこれからも不断に実証していくであろう。

　アウグスティヌスの教父という安全な道しるべは、決してそのまま安全なのではない。宗教改革の渦中にあって、ルターはアウグスティヌスの精神を体してヴィッテンベルクの塔の中で、その人を憔悴させ変えさせるほどの恐るべき魂の苦悶を体験した。人間は、豊かさの中に生き抜いていくためには、そしてそこから救われていくためには、必ず貧しさに浄められる、苦しいカタルシスがなければならぬのである。

宗教改革というカタルシスをとおってきたからこそ、キリスト教国は、近代と現代への豊かさの中に再び生きる知恵を獲得してきたのである。プロテスタントという新教精神が、真の価値ある資本主義精神の中で生かされてきた意味もそこにある。

現代がこのカタルシスの精神を失うときは、没落するときであろう。ギリシアがソクラテスの魂の浄化（カタルシス）を忘れたとき没落していったように、ローマ教会もアウグスティヌス神学の回心という魂のカタルシスを忘れるとき、それは衰微したのである。しかしいつも没落のあとには、新しいものが芽生え、受け継がれつづけていく。ここに現在のわれわれの知恵の歴史の宝庫もあるわけだが、しかしこの宝庫は心の貧しいものだけが十分にのぞくことのできるものであることを忘れてはならないと思う。

# 第二章　中世ヨーロッパ封建社会の成立
## ―地中海世界とゲルマン・ヨーロッパ世界―

### 第一節　奴隷所有体制の崩壊
#### ―ローマ中央集権の崩壊―

ローマが、その軍国主義的エネルギーのもとどんどん拡大しつづけている間は、その捕虜奴隷の供給はつきることはなかった。奴隷市場はにぎわいににぎわっていた。そして帝国主義の版図は、彼ら奴隷たちの重労働によって、経済の安定を得ているように思われた。しかしこのような奴隷による重労働は、機械の合理的な開発を邪魔するものであり、ギリシアから学んだ技術以上には進歩しない後退的な社会にとどまる危険をもっていた。

初期のローマ共和国を支えていた強くたくましい自由・自営の農民たちは、ポエニ戦役の後には大量の奴隷とその安価な労働力によって、すっかり駆逐された。ローマ帝国の主要産業であり大支柱でもあった農業を、ローマを担っていた健全な農民自身が捨てなければならなくなった。しかもこれにかわる農業奴隷は、種々さまざまなところから狩り集められ、さまざまな言語を話すものたちだったため、相互に言うこともわからぬ烏合の衆であった。彼らには、協力一致してきびしい不当な抑圧に反抗するたくましい勢力もなく、またローマを担う誇りもなかった。読み書きもできない多くの囚人たちを擁して、ローマの精神生活はきわめて低下し、その豊かさの虚構はだんだんとその内実の力を失っていった。健全であるべきローマの生活力の土台が、もはや人間でないものによって支えられていた。ぐらつくのは当然であった。

奴隷はまったく人間でなかった。彼らがどのようにひどい虐待を受けたか、それは目にあまるものがあった。逃亡しないように、夜は鎖につながれるか、逃亡してもすぐ居所がわかるように、頭半分を剃られるとかされた。主人によって暴行されようとも、不具にされようと、殺されようと、何の保障もなかった。まったく牛馬と同じ、いやさらにそれよりもはるかにひどい待遇を受けることが多かった。ローマの太った市民たちは、闘技場で彼ら奴隷をライオンと闘わせ、その血なまぐさい餌食となるのを楽しんで見物もした。ところで、主人の暴行に耐えられず、ついにかっとなって主人を殴ったり殺したりでもしようものなら、たちまちその家の中の奴隷全部は、見せしめのために磔殺されることもあった、とつたえられている。奴隷はもともと世帯をもつことを禁ぜられていたので、家畜のように繁殖させることはできない。しかも積極的な労働意欲はまったくなくて、技術の開発など彼らに要求できるわけのものでもない。しかも有閑な支配者たちは、農業はおろかあらゆる産業部門にわたって、奴隷に任せたのである。鉱山業・冶金業・道路づくり、大建築などはもとより、ほとんどすべての家庭内の仕事も、奴隷に任せられた。

自ら働くことを忘れた有閑者・貴族の支配階級は、剣闘士奴隷を従者として、もって身辺保護をまかせることもあれば、ちょっと教育のある奴隷には、子女の教育まで任せることが多くなった。良家の若いローマ人の家庭教師には、普通奴隷があたっていた。芸能をよくする奴隷を娯楽用に雇い入れたり、宝石細工師の奴隷に至るまで、あらゆる分野にわたり、これらが商売人たちによってまったく物品として売買されたのである。

しかし版図が拡大し、広大な豊かな領土の中で、太りに太った豚のようにだんだん動きが鈍くなるにつれて、ローマはまったく統制がとれなくなってきた。雑多な言語を話す各地域、風俗習慣・宗教などのまったく異なる広大な地域全体。しかもローマの市民たちには、かつてのローマを守る質実剛健の農民精神や庶民精神や自由・共和の精神が、頽廃の豊かさの中でまったく失われかけていた。ただ煩雑な法律の取り決めのみが多く、それはまた何としても強大な軍事力によって維持していかなければならぬのに、かつての軍事力の支柱であった農民は没落していた。

安く供給される奴隷は、何もかもを安易な考え方へと追いやった。安い奴隷によって肉体的に太ったローマは、その奴隷によって精神的には頽廃した、ということができた。ポエニ戦役を雄々しく戦った大スキピオやカトーのローマ貴族魂は、もはや姿を消しかけていた。かつて営々辛苦培いつづけてきた立派なローマ気質は、ただ見栄っ張りの贅沢品をあさる浅ましい有閑・惰弱の気質に変貌した。

ローマがその青年期・壮年期のエネルギーをもって次々と支配領域を拡大していったのは、前にものべたようにローマ特有のやり方があった。すなわち、その国の反抗程度に応じて格差のついたローマ市民権を与えるという風で、戦うことなくおとなしく帰順したものと、はげしい反抗の戦いを仕掛けたのちに征服されたものたちとの格差は、中心都市ローマとその各被征服都市との契約内容に相当なひらきがあった。

しかしこれらを統制していくためには、前にものべたように、ますます無限に増大していく法制力とそのバックとなる強い軍事力が必要だった。各征服地域には、その主人都市ローマとの間に種々の権利義務関係があるということでは、ローマ法なるものも、ますます複雑とならねばならなかった。そしてその機構の中には多々血のまったく通わない部分や硬化現象をおこすところがますます増える一方であった。

法律の拡大と裏腹に、ローマ共和国時代のよき伝統は、日ごと年ごとに失われていった。「暴君ネロ」という言葉で人びとのよく知るネロ帝のように、自分の欲望をみたすのに、邪魔になるものを片っ端から殺したり追っ払ったりした者たちは、その後あとを絶たなかった。これが紀元一世紀の中葉である。「すべての道がローマに通ずる」とローマを誇りその平和と繁栄をたたえたアウグストゥス皇帝治下の共和ローマは、まだ数十年しかたたぬのに、ネロのような人物を生んだのである。哲人セネカも、ネロの命令によって自らの生命を絶った。

その後数年して、その前から千々に乱れかけていたローマ属州のあちらこちらの軍団による反乱があり、それらの軍団の司令官がそれぞれ自らローマ皇帝であることを宣言しようとするほどの有様になった。ネロがネロなら部下もまた部下であった。形骸化した法制のもとでは狂暴化の嵐は鎮めようもなかった。奴隷をどんどん生み出してきた軍隊は、今は返す刀でローマの心臓部にその狂暴の刃を突きつけた。ネロ帝がギリシアの巡礼から急ぎイタリアに帰ったときは、事態は悪化し、ネロは国家の敵として処刑の悲運に逆転させせられていた。若干三十一才の彼は、それでも処刑されるよりはと、自ら剣をもって自分の生命を絶った。栄光の帝王アウグストゥスからあまり年をへない子孫はこんなふうに露と消えたのである。

それから一年ほど内乱がつづいた。小康を得たかと思うと、さらに内戦、暗殺劇を繰りかえした。こうして混乱を繰りかえしているうちに、ローマはひどく弱体化していった。三世紀中葉をはさむ五十年は内憂外患（このときはすでに外敵の侵入）に悩まされつづけ、ローマは崩壊寸前、この間帝位についた者約三十人、それを狙った者は数え切れず、という無秩序・無政府のカオス状態をあらわした。

職業軍人・軍隊が国家を支配し、強力な蛮族ゲルマンから徴収される傭兵の数も日毎に増えた。一方、ローマ人自身の方は、兵役につくことを忌避するようになっていた。強兵をもって任ずるゲルマン人たちは、たしかに有りがたい補助者ではあったが、何といっても物騒な世の中、彼ら蛮族はローマの獅子身中の虫であることにかわりはなかった。また、皇帝を狙う軍司令官たちは、兵士たちを優遇せねばならなかったし、世はますます下剋上の風潮を深めていった。この当時の皇帝候補者、また文字通り三日天下（実際には平均二年の在位）の皇帝となりえた者たちの中には、一介の兵士や農夫から身をおこした者がいたのである。

こうした没落寸前のローマの領土に、ローマ共和帝権政治に、ついに弔鐘《ちょうしょう》をならす者があらわれた。

貧しいイタリア海岸の村ディオクレアの農家出身のディオクレティアヌスは、兵卒の身分から皇帝親衛隊長となり、それから皇帝にのし上がった人である。何とかそれまで曲がりなりにももちつづけていた共和体制の元老院による帝位の承認と、これに付随する権限の付与は、もはや不必要だと考える時代が来ていた。ディオクレティアヌスは、アウグストゥス以来の「プリンケプス」(元首)の名誉を自ら破棄して、自分自身をドミヌス(絶対君主)と称し、東方の絶対君主制のあらゆる儀式を導入したのである。このものものしい神の儀式を採用することによって、彼は東洋的専制王権を確立しようとしたのである。

ここに、三〇〇年の命脈を保ってきたローマ共和政はついに完全に打ち捨てられた。それとともに古代ローマ精神は終焉した。皇帝を神として尊崇する風がはっきりしてくるのもこれ以後であるが、世は総じて神信仰の新しい時代、中世を迎えようとしていた。ローマ皇帝の怪しい神意識は、やはりその本拠を、できるだけ東方に移さざるをえなかったのか、コンスタンティヌス帝があらわれて、帝国の首都はヨーロッパ圏の東端ビザンティウムに移された(三三〇年)。彼の政略は、もはや打ち消しがたい大勢力となっていたキリスト教を公認したことで、その点でも文字通り古代ギリシア・ローマ時代・異教時代は終止符を打たれた、といってよい。

変貌したローマ帝国は、なお統一の形骸的命脈は保っていたが、テオドシウス帝のとき、ついに帝国は二分され、その二子に分けられた(三九五年)。それ以後西ローマ帝国は、いち早く四七六年にゲルマンの傭兵隊長オドアケルに滅ぼされてしまった。これは非常に象徴的な意味をもっている。東ローマ帝国は、ビザンティウム帝国として生き延びて一つの文化圏をつくり、西ヨーロッパ(主としてイタリア)

近世のルネサンスへの文化刺激要素となったが、人間の歴史の主流からはずれた存在でしかなかった。ユスティニアヌス帝のとき（六世紀前半）、東ローマは一時黄金時代をつくり、『ローマ大法典』の編纂のことなどあって、文化の上でも気を吐いたことがある。しかしまた極端な異教追放で、異教哲学（古典ギリシア哲学）の殿堂だったアカデメイアの閉鎖などがあり、ギリシア哲学は、これを契機に東のシリアへアラビアへと放浪・伝播の旅に出るきっかけをつくった。こうしたこととといい、のちのロシア文化への刺激要素となったことといい、ビザンティウム帝国の文化はその積極性格よりも消極性格によって光っていた、ということができる。

それはともあれ、だんだんはげしさを増す蛮族の侵入、さらには恐ろしい疫病の流行なども重なって、西ローマ帝国内はますます荒廃した。蛮族に当るには、強大な軍隊を維持せねばならず、重税につぐ重税を課して軍費をまかなわなければならなかった。煩瑣な官僚制度を支える役人たちやさらに軍人・兵士たちを養うためには、その当時の流通機構の貨幣を徴収していかねばならない。軍用道路もつくらねばならない。こういう多額の費用徴収は、次々に社会不安を生んだ。さらには負け戦が多くなるにつれ、捕獲奴隷は激減して、奴隷価格が高騰した。

ローマの貴族たちは重税を逃れるために、自分たちの地方の所領に逃れる傾向が強くなった。完全な動脈硬化にかかったローマ人たちには、私利私欲で動くものが多く、人びとの心はすっかり離散した。しかし、中央に魅力を失った貴族たちは、その生命本来の嗅覚でもって、自分たちの田舎に引っ込むことを最良と考えるようになった。そこには、比較的平和な大所領地があった。田舎に逃れたからといって、軍隊給付の生産物給与徴収をそう簡単に逃れることはできなかった。また軍人・兵士たち（この中にはいわゆる蛮族ゲルマンも多く含まれていた）に土地を分譲することを強要される場合もあった。が、その所領を留守にしているよりも、そこにとどまり、荘園的な家内経済を充実することの方が、ずっと得策であり生きがいがあるように思われた。彼らの所領地（田舎）は、特に乱れた都会からこの上ない逃避場になった。落ちぶれていく多くの下層民は、保護を求めてその貴族たちの所領に逃げ込んだ。そしてその完全な従属民として農業労働に従事した。飢餓線上に追いこまれた人びとは、その本来の知恵である健康な農業生産に生きる道を求めたのである。これまで妻帯を許されていなかった奴隷たちも、妻帯を許され、半自由の農奴として土地の耕作に当るようになった。この方が使う方にとってもずっとよかったのである。奴隷市場がさびれたことからくる恩恵であった。

人間らしさがこういうことからごく徐々にでも回復の方に向かった。奴隷に代わって機械の開発も徐々に上向きになり、両々あいまって増加していく労働力は、荘園経済を以前よりずっと豊かにし、それをほとんど完全な自給自足体制へと一層推し進めていくのに役立った。しかし反面、都市人口はどんどん減少していった。かつての都市自治は形骸化した。中央官僚・軍国ローマを支える人びと、例えば軍人にも土地という現物給付が一段と望まれるようになって、封土的体制へのはしりが各地でみられるようになった。このようにして、いわゆる荘園制と地方分封化傾向が、ローマ世界全体に浸透し、かつての強力なローマ都市民の誇り高い中央集権は地に落ちていったのである。

## 第二節　中央（都会）から地方へ
### ―修道院の出現―

多くの人びとがこれまで蜜のように甘く住み心地を楽しんできた都会生活、その華やかさは、容赦なく切り捨てられた。人びとが地方へ田舎へと逃げ延びなければならなかった状況は、かつての永遠の栄光に輝いたはずの都府ローマの当時の惨状を、ちょっとかいま見るだけで十分であろう。

六世紀中葉のゴート軍に包囲されたローマ都市攻防戦の有様を、『ローマ帝国衰亡史』の著者・ギボン（1737-1794）は詳しく報じている（第七巻・四三章）。食糧攻めにあって飢餓に堪《こら》えられなくなった一市民の実例をとり上げて、彼は次のように報告する。

とはいいながら、どの暴君も市民から死の特権を奪うことができないことは明らかだった。これを一市民の実例がおそらく同胞らに教示した。つまり、その市民は五人の子供が飢えを訴える泣き声に断腸の思い

ギボンの『ローマ帝国衰亡史』は第1巻が1776年に出て以来ベストセラーとして多くの人々に読まれた。作家が語り手として前面に出た書き方でその歴史が叙述されているのが特徴。

をなし、彼らを引きつれてティベル河畔に赴き、自分のあとにつづいて来るように子供らに言いつけて、従容自若、無言の絶望をもって橋上に歩を進め、自分の家族や市民らが見ている前で、顔をおおいながら、まっさかさまに流れに飛び込んだ。

と。またローマ栄光のシンボルともいうべき元老院議員邸や、かつての立派な議長シンマックスの娘ルスティキアーナの、ところをかえた惨状を、次のようにつたえている。

彼（副司教ペラギウス）の謙遜な請願により、ローマ人らの生命は赦免された。そして処女や夫人らの貞操は保護されて兵士らの欲情をまぬがれた。しかし最も貴重な戦利品が（ゴート）王室用として保留されたあとは、兵士らも自由に略奪を許された。元老議官らの邸宅には金銀がたくさん貯えられていた。そしてベッササスの貪婪《どんらん》はあれほどの罪と恥とを重ねたのであるが、それはただただ征服者を益するために今まで骨折っただけのことである。この革命に際してローマ執政官らの子女は、かつて自分たちが冷笑しまたは救済したところの貧窮を親しく体験した。彼らはボロボロの着物をきて市中をさまよい、自分たちの先祖伝来の邸宅の門に立ってパンを乞い、しかもおそらく与えられなかった。シンマックスの娘でボエティウスの未亡人ルスティキアーナの財産は、飢餓の惨害を緩和するために、気前よく施与された。

と。何千、何万という人びとがこの攻防戦で死んだり殺されたりしたため、ローマ市民の総数が一時は五〇〇〇名そこそこにまで激減したことが、東ローマの史家プロコピウス（490-562）の『ゴート戦記』で報告されている。

　かつての贅を尽くしたローマのあまりにも変わり果てた姿がそこにあった。何よりも精神の荒廃が恐ろしく都会をおおっていた。血なまぐさい当時の陰謀の渦《うず》巻の中で、五二五年、それもあらぬ陰謀のかどで、不当にもルスティキアーナの夫・ボエティウスはテオドリック王に処刑された。この高潔な哲人政治家が、迫る悲痛な死を前に、『哲学の慰め』（*De*《デー》 *consolatione*《コンソーラーティオーネ》 *philosophiae*《フィロソフィアエ》）を書いたことは有名である。学問の得がたい灯が空しくこ

ポエティウス――「哲学の慰め』の写本（1385年）から。ポエティウスが上の絵では教授し、下の絵では投獄されている。

のように消されていった。

ローマ人は、こうして「永遠の都ローマ」の神話を失った。こういうことはしかし、すでにかつてのギリシアにもおこったことである。ポリスという現実生活に深く根を張っていた神話がつぶされ、それに生きることができなくて、大海に放り出された者たちが、不安におののき、結局その孤独なる自分一個にかえったときのことである。この世の変転きわまりないものへの欲望は一切捨て去ることである、と悟った人を中心とする集団が、あるいはキュニコス派のように、エピクロス派、ストア派のように、世俗から精神を自由にして生きた。いかがわしいニセ者たちがこういう集団にはつきものであったが、それにしてもこれらは時代を代弁する精神として知恵の光を放った。

しかしギリシアの場合とちがって、ローマ世界には、すでにキリスト教が、新しい活々とした生命力をもってそうした人びとの魂を救うように用意されていた。永遠の都ローマは滅びなかった。これを立派に引き継ぐものがあったのである。そしてそれこそ、キリスト教の法燈をかかげるローマ・カトリック教会であった。しかしあまりに野性的なその生命力は、しっかりした規範をつくるのにまだまだ数百年は必要であった。明るいギリシアの造形的な知恵の光は、徐々にキリスト教の荒々しい稚拙な野生力に形を与えていったけれども、さきのボエティウスの場合にみたように、こういう灯は、混乱の世で次々に消されていった。

ただ残っていたものは、身をかくす知恵のある者たちであった。例えば、東ゴート王につかえ、権勢を得た財務官の知恵者カシオドルス（490-585）その人のような場合である。彼は、世のはかなさを痛感して、全財産と地位を投げうち、田舎に引きこもって修道院生活に入った。価値のあるたくさんの書物を、自分のつくった二つの修道院に収め、これらの物騒きわまる時代に、精神の尊い糧をこの中で守りつづけたのである。キリスト教化されていくローマ世界に灯ったこのささやかな光は、しかし、今後の生き方の知恵を立派に先取りしたものであった。これは、今後の修道院生活への重要な象徴的な意味をもつものであった。しかし、これは何もカシオドルスに限ったことではなく、あとにのべる聖職者ベネディクトゥス（480-543）に最も典型的にみられるものであった。

修道院生活についてはさきのギボンが『ローマ帝国衰亡史』の第五巻・三七章を費やして次のようなことをいっている。

カシオドルス——ライデン大学所蔵の写本（1177年）から。

政治と教会事務とのひきはなしがたい密接関係は、キリスト教の進展・迫害・分裂・最後の勝利および漸次的腐敗などを記述するよう私をして余儀なからしめ、かつまた奮励せしめたのである。人間の研究に多大の関係をもち、またローマ帝国の衰亡に重要である二つの宗教的事件に関する考察を私は故意にのばしていた。それはすなわち、（一）修道院生活の制度、および（二）北方民族の改信である。

として、まず修道院生活についてのべるのであるが、そのはじめの文句をもう少し引用してみよう。

繁栄と平和は「凡俗」のキリスト教徒と「禁欲的」キリスト教徒の区別を生み出した。放漫、不完全な宗教的遵行は、一般群衆の良心を満足させた。皇帝も司政長官も軍人も商人も、各自の職業の演行や各自の利益の追求や各自の肉欲の十分な満足と熱烈な宗教心および盲目的信仰心とを融和させた。しかし福音の厳格な主義綱領を遵行しかつ濫用する禁欲者らは、人間を罪人とみ、そして神を一つの暴君として表現する野蛮な熱情を吹きこまれた。彼らは事務や快楽を排棄した。酒や肉類や結婚を誓絶し、おのれの肉体を虐待し、おのれの愛情を殺し、そして永遠幸福の価として悲惨な生活を送った。コンスタンティヌス時代においては、禁欲者らは堕落した俗界を捨てて絶対の孤独へ、または宗教的社会団体へ逃げこんだ。エルサレムの初代キリスト教徒のように、彼らは各自の現世的財産の使用または所有権を放棄し、同性または同様性質の者が集まって秩序ある社会団体を設定し、こうして彼らは隠遁生活を表示する「道士」・「修道僧」および「隠者」などの名前をとった。

こうした俗世間を軽蔑しきった人びとが、かえってますます俗世から賞讃され尊敬を獲得したことは皮肉な話といえば皮肉な話であるが、そこにいろいろの頽廃の落とし穴もあり、また実りもあったのであるが、それはともかく、世俗から離れていく態度は、人間それぞれの各個魂の「孤独なるもの」（μ　モノス）に徹する心情に根ざしている。

修道院制度といわれる中世時代一般のmonasticismは、このような「単独」を意味するμ　からきている。ポリスという集団生活神話の中に活々と生きつづけた古典ギリシア時代の〝ʊ《ポリティコン》〝《ゾーオン》（ポリス的動物、ポリス人）の精神は、すでにここにはない。かえってそのあとに出てきた〝μʊ《コスモポリテース》〝（世界人）としての個なる魂に徹した犬儒派のディオゲネスに、こういう孤独なる人間存在の高い誇りがみられるのである。

しかし、孤を徹底し、人里離れたところで修業する態度は、すでにユダヤ人たちの共同社会にみられた。この伝統は、キリスト教社会では東方のエジプト、シリアで行われた。その名を今にとどめる聖アントニオス（c.250-c.350）は、エジプト生まれの隠者であった。三五年間の隠者生活のうち、あとの二十年間はまったく人里離れた砂漠の中で、生命の危険をまねくぎりぎりの耐乏生活を耐えぬいた、とつたえられている。間断ない悪魔の淫乱な幻の誘惑にも勝って、神への奉仕に集中することができた彼の名声は、日増しに高まった。こういう禁欲生活者への賞賛

聖アントニオス――砂漠のような人の住まないところで孤独と静寂に包まれた禁欲生活を行なった（そうした修行者を隠修士と呼んだ）。

は、のちの作家（例えばアタナシウス）によっていろいろに劇的につたえられ、蒙昧な人びとの間で、妄信的に、その奇怪さが誇張された。中世信仰者の虚妄譚はこうして生まれたのである。聖アントニオスは、のち自分の隠れ家を出て、人びとに隠者の生活を奨励する教えを説いたが、彼が示した手本は、その時代背景もあって、人びとの間にかなりの共鳴を見出したのである。シリアではまた同じころシメオン（390-459）という奇行の隠者があらわれた。シメオン・スタイライトとあだ名されるこの主は、「柱上苦行者」（スタイライトはギリシア語の「柱」を意味している）といわれるので、柱を立ててその上で三十年間も生活し、そこからおりることがなかったといわれるが、このような奇行が、かえって貧しい心のキリスト者としての修業に、どれだけ役立つものであったかは、はなはだ疑わしい。いたずらに奇矯をてらいそれで得々とする悪徳が、折角の苦行者の心の裏口から忍びこまないでもなかった。このような人びとは、自分一個の魂の救済にあまりにとらわれすぎたきらいがあった。

しかしまた前者とは別に、四世紀エジプト人のパコミウスやカッパドキア（小アジア）の首都であるカエサリアの司教バシレオスなどによって、慈善や生産に関係のある修道院生活が推し進められた。そしてこの後者の方が、未開発の野生の力にあふれるヨーロッパの土壌では、はるかに大きな共鳴を得た。キリスト教の経済の基盤となるこの生活は、シトー派修道院の労働精神への発展の要素をもっていた。パコミウスの修道院生活は、一種のキリスト教的共産社会であり、奇行・苦行をやるかわりに、他方にあって主として農耕に従事し、一切の私有財産をもつことなしに、共同の生活・共同の食事・共同の祈りを行う集団である。

このような形態は、その最も素朴な美しい形に保たれることはきわめてむずかしいといっても、古代の異教の価値に代わって、中世の新しい生きる価値観の見本を示したといえるのである。このような活動が、教会組織の官僚体制の中に吸収されていくプロセスにおいて、素朴な各修道僧も聖職者となるように制度化され、美しい魂の帰依から生産され寄進される富の所有が、ローマ教会をかつてのローマ帝国に代わる現世の富の王者としていったことは疑いえない。しかしかえって、このように太った豚になっていくローマ・カトリック教会は、このあと急速にその深い生々《いきいき》した精神の基盤を失って脱落していくのである。経済の基盤、政治権力の一見ゆるぎないような強力な基盤とは裏腹に、これらの力の奴隷になることによって、転落していくのである。

そしてこのような傾向は、すでにギボンが、さきの本の中で皮肉まじりにのべていることによっても知ることができるであろう。これはベネディクト修道院長のいつわりのない告白としてのべられているものである。これによると、この院長は、清貧の宣誓をしただけで数千万円の年収にありつくことができたし、服従の宣言をした

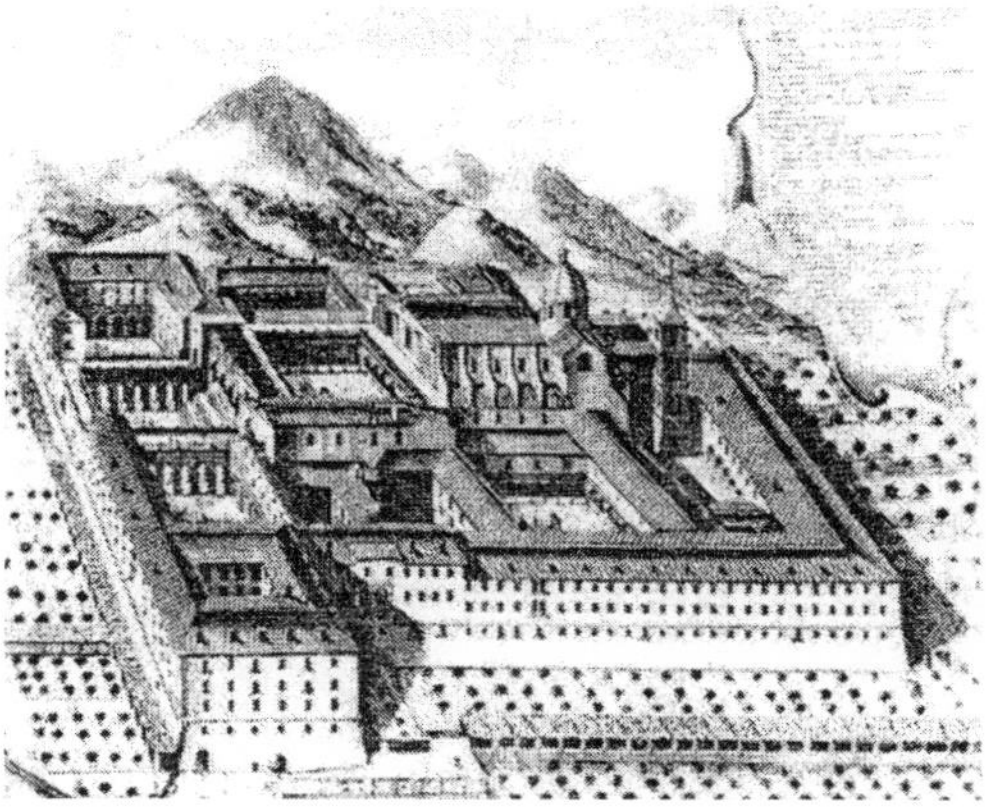

モンテ・カッシーノ修道院——ローマとナポリの中間にある（18 世紀の銅版画）。

ために王侯のような位置にのし上がることができた、という内容のものである。しかしこのベネディクト修道院こそは、かつて聖ベネディクトゥスによって五二九年頃モンテ・カシーノ（カシノ山）に創設された修道院の流れをくむもので、ヨーロッパ修道院の模範になったものなのである。

ベネディクトゥスもやはり、ローマ市部の逸楽、腐敗を離れて山野に逃れた一人であった。すでに二十才で洞窟の孤独生活を数年間送り、さきのエジプト・シリア風の極端な孤独な苦行生活とも訣別して、一つのきわめて強固な全六十六ヶ条の戒律をもった組織的修道院生活をカシーノの丘につくった人である。組織だった厳格なこの修道院生活をつらぬいていく彼の情熱には、すでに「神の国」をつくることに烈々たる気概をもったキリスト聖職者たちの並々ならぬ理想国家・ユートピア建設の意欲が共通して感ぜられるし、変転きわまりない現世国家ローマの滅亡を前にして、人びとの心は、ベネディクトゥス師のような指導のもとに馳せ参ずる者も多かった、と思われる。別の小さなグループがこのあと簇生《そうせい》したことからみて、魂の救い・憩いと、神の僕としてのこの地上で賤しい労働によって、かえって心身をきよめられたいと願う者たちがいかに多かったか

ベネディクトゥス——西欧の修道院制度の創設者。彼の創設したモンテ・カッシーノ修道院の戒律は、ヨーロッパにおける多くの修道院にとり入れられた。

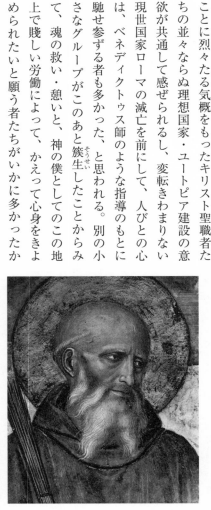

が、うかがえるのである。彼らは、各地方に群生して次の世代の勇ましい担い手になる。まさに世は、こういう大きな転換期にさしかかっていたのである。

さきのカシオドール（カシオドルス）といい、ベネディクト（ベネディクトゥス）といい、ローマの典型的な貴族であり名門の出であった人びとが、次々に大都会を離れて、土の匂いのする人里離れた地方で暮らすようになった。彼らがつくった修道院の数は、まったく枚挙にいとまがないほどなのである。簇生《そうせい》していくこのような修道院の模範がベネディクト修道院であり、ここでは、院長は各修道士たちにほとんど独裁の支配権をもっていた。度はずれた苦行・禁欲は禁ぜられているとはいうものの、きわめてきびしい戒律のもとに組織力を培っていったのである。他の修道院へ自由に移っていくことは禁ぜられ、一つの小さな閉じこめられたユートピア世界は、その後の封建制度にまったくその閉じこめられた性格をうつした。ここでは、一つの自給自足経営と、他への慈善を含んだ祈りと、労働の積極的集団生活の様相がみられた。ここには、東洋の晴耕雨読・悠々自適ととりすます隠者生活の無為性との間に、いちじるしい相違も感ぜられる。キリスト教はどこまでも現世に燃える宗教であり、生きる宗教であり、それがはからずもまた大きな富をつくることもあり、それをめぐってこの宗教の堕落もまた美しい清貧も内在するのである。

ところで今一つ、グレゴリウス大法王（五九〇〜六〇四年在位）から、ベネディクト修業の話をちょっとうかがってみることにしよう。五九三年に書いたといわれる『対話篇』の中には、聖者ベネディクトの肉への誘惑の挑戦の模様などが、中世風に伝説めいて語られるのである。あるとき陰険な聖職者が、ベネディクトの評判をねたんで、彼を女色の誘惑で淫乱の渦《うず》の中に巻きこみ消し去ろうとして、若い七人の豊満な裸体の美女たちを彼の僧院に送りこんだ、という説話である。しかし、彼は一切肉なるものの誘惑を退け、さらに十二もの修道院をつくったというから、いかにこの当時の現世に向かうエネルギーが、キリストの神への奉仕に向かったかがうかがい知られる。各修道院には何百、何千という修道士が収容されていたのである。ウイルスのように、ヨーロッパの各地に、これら修道の精神が数々の美談をともないながらひろまっていった。

しかし美談や清いことばかりではもちろんなかった。さきのベネディクト修道院長の話ではないが、修道院はほとんどどこも卑賤者の群れでいっぱいになった。というのも、農民や奴隷らの連中は、修道院に入って修道僧の職業にありつくと、かえって尊敬されるという御利益があった。生活もかつての極貧からきれいさっぱりまぬがれることもできた。しかしこうしてふくれあがっていく修道院人口は、中世世界を一種独特な雰囲気につつんでいた。こういう世界であったからこそ、そして知識は非常に閉鎖的であったからこそ、十字軍遠征という一修道僧の狂信のそそのかしが、ヨーロッパ全体を燎原の火のように、席巻することもできたのである。またもちろん、ローマ帝国という統一原理をうけついだカトリック教会は、ペテロやパウロに権威づけられたローマ教会を根城に、ウイルスのはびこるようにはりめぐらされた修道院組織を統合して、全ヨーロッパ支配へと狂奔していくこともできたのである。

それはとにかく、権勢並びなきカシオドルスが、東ゴート王の滅亡とともに、この世のはかなさを感じ、南イタリアの田舎に修道院をつくって引きこもったことは前にものべたが、彼はそこに見事な図書館をつくり、失われていくべきものをこの田舎で大切に保存した。この一例が示すように、無知蒙昧化していくローマの世界にあって、知識の火を、少しでも大事に守り、読み書きそろばんの基礎の知識はもちろん、相当の重要な知識を残していった修道院の意味は、きわめて大きい。

時来たり、ルネサンス運動の炬火となるものが、それまではほこりに埋もれ黴《かび》が生えそうになった、各修道院の図書館に残り、修道院の中のすぐれた者たちの頭脳に細々ながら残され受け継がれていったことは、そのような頭脳と並んで、自ら労働することにより、手を使う知恵が芽生えることによって、科学技術的なものも、その程度は低いとはいえ、とにかく力強く励起される状況にあったことは幸運であった。ホモ・サピエンス（頭を使う人間）が自らの手を使い足を使って自らの仕事をするとき、その古代以来眠らされていたホモ・ファベル（手を使う人間）は呼びさまされて、そこに土地を切り開く技術革新の工夫を順次に新しくあみ出していくのである。

これらはまだ目立ったものにはなっていなかったが、この潜在力はやがて十世紀以後の地味ではあるが目覚ましい中世技術工学の発展へと結集されていった。修道院の中で埋もれながら徐々に伸びていくエネルギーは、それでもその力の伸長とともに、開かれた社会を求めて羽ばたく日がやがてはやってくるのである。

## 第三節　ゲルマン・ヨーロッパ世界の登場

ギリシア・ローマの世界は、主として地中海周辺とその中に多数に存在する島々を中心とした豊かな地中海世界であった。南にも東にも色とりどりの文化生活の資源がたくさんあった。だから多くの人びとはここに集まり繁殖し、精神の上でも物質の上でも、ここから生きる喜びと栄養を十分吸いとっていた。おくればせにこの世界に名のりをあげたローマも、その強い武力でギリシアを征服はしたけれども、輝かしい先発のギリシア化された地中海文明には、文化の上で完全に征服された。エジプトなどの豊かな物質にも、ローマはすっかり目がくらんだ。ますます彼らは、貪欲になってとり入れられるものをむやみやたらにとりこもうとした。しかしこれと引き換えに、ローマを支えてきた純朴な強い農民気質の勇気も野性味も失われていった。これらは、度重なる征服・略奪による豊かさの中に埋没した。ローマ人たちの徳性のいちじるしい退化、外見上の豊かな奴隷経済に支えられた腐敗と堕落のこの世界にあって、それを嘆く声もたしかに方々におこった。だがその声はとうていローマを救うものではなかった。しかしその声のいくつかは、例えばタキトゥスの名著『ゲルマニア』に結晶され、千古の教訓をわれわれに与えた。ローマ憂国の士・タキトゥスは、その心のはしを『ゲルマニア』の本に託して、こういっている。新しく登場しようとしているゲルマニアのことを、

ここにおいてはよい風俗が、よそにおける良法典よりも有力なのである。

（第一部・一九）

というように。「よそにおける」とは、とりもなおさず自分の国・ローマのことを皮肉ったものである。たしかにローマ世界には、世界に誇る良法典があった。しかし一番肝心なその内実の精神はすでに失われていた。ゲルマニアには、それとは反対に良法典こそはなかったが、この精神があったというのである。タキトゥスはこの本（第一部・五）でまたゲルマニアの土地・経済に触れ、

土地はその姿に幾分の変化はあっても、一般には森林におおわれてものすごいか、あるいは沼地がつらなっていて荒涼たるもの、しかもガリア諸地方に面する湿潤が強く、ノーリフム、パンノニアを望む地方は風がはげしく、土地は農産には豊かであるが、果樹を生ずるにたえず、また家畜は豊富であるが、それの体はおおむね小さい。……ただ彼らの喜ぶところはその数であって、これが彼らにおける唯一の最も貴重な

タキトゥス──ローマ帝政期の歴史家（55～120年頃）。『ゲルマニア』の中で、同時代のローマ人と比べてゲルマニア人を「高貴な野蛮人」として描いた。

財産である。彼らに金銀が与えられなかったのは、神の恵みによるものか、それともその怒りのためか、わたくしにはわからない。といってわたくしにはゲルマニアの鉱脈には金や銀を出すものが一つもないと断言するのではない。

といっている。タキトゥスの記述には事実にあわないところも見受けられるようだが、南方の開かれた豊穣さにくらべると、はるかに未開の地であったことは事実である。こういう環境がゲルマン部族を鍛えていた。しかし、そこにも文化の拍動は徐々に高まってきていた。しかし要はゲルマン人たちが文化世界にいかにアプローチするか、そしてこれをいかにリードしていくかが問題であった。彼らの文化への胎動は、文化世界に名のりをあげるには必要かくべからざることであった。単純素朴そのままで文化の恩恵に浴さないものやその能力のないものは、次代の文化世界に名のりをあげることはできぬ相談であった。

しかし現実にはそうした僻遠の地であったといっても、遠く古代ギリシアのホメロス時代の青銅文化がすでにそのころ商人たちの交易ルートにのって、北ヨーロッパにつたえられていた。またドイツのコハクが、ホメロスの詩の中に珍重されていたことなども、すでにのべたとおりである。エジプトの巨石文化圏も、遠く大西洋岸を北にのぼってイングランドに達していたし、地中海文化のミノア・ミュケナイ文化のあとにも、すでに古くしかも多く北ヨーロッパにまでみられている。しかし何といっても、アルプス以南の文化とくらべると非常に劣っており、いろいろな機会に豊かな南をうかがい侵入をはかる態勢が北にはあった。そのために、ローマも北辺の守りを固めなければならなかった。

また自らライン河をさかのぼって、ゲルマン人たちを追い散らさなければならなかった。しかしこのような戦闘を通して、ローマの文化はだんだん北に浸透したし、そののち、特に自らの力で守る気風がなくなったローマ人たちは、好んでゲルマン人たちの武勇をかって、彼らを帝国軍隊に雇い入れた。その結果、帝政の末期には、ローマ軍はほとんどがゲルマン人化されたとさえいわれている。武力をにぎるものが結局は政治権力をにぎる、という弱肉強食の世にあって、当然ローマの栄光は後退し、かわってローマに対するゲルマン支配体制が順次にできあがっていった。

タキトゥスはゲルマン人たちの体質についてその純血種を説いたのち、次のようにいっている。

このゆえにこそ、彼らはその人口のかくのごとく巨大なのにもかかわらず、身体の構造もすべての者を通じて同一なのであろう。鋭い空色の眼、黄赤色の頭髪、長大にしてしかもただ攻撃にのみ強靭な体躯——というのは労働・労作に対して、彼らにはすべて、かの体力に相応する忍耐がなく、……ただ寒気と飢餓に対しては、その気候、風土のために彼らはよく馴らされている。

(第一部・四)

と。ゲルマン民族は北ゲルマン・東ゲルマン・西ゲルマンに分れ、それぞれが実にまた数多くの部族に分れていたが、彼らの牧畜狩猟の戦闘的な性格は、その「人口の巨大さ」をかかえて、多民族を追い散らしながら、相当広大な土地を占拠するまでになっていた。その居住民は、北はスカンジナビアの南から、南はライン河とドナウ河に至る地域にまでのびていた。強靭な体躯と戦闘力と増加する人口をかかえて、スラブ族を追い散らし、東南方の南ロシア地域にまで進出し、東ローマと接していた。この勢力が、折も折、アジアにおこった騎馬民族フンの西方への進出・席巻運動に見舞われ、西へ大きく移動をはじめたのである。

これが誰も知る四～六世紀のゲルマン民族の大移動である。これは次々に連鎖反応をおこした。しかし西ゴート族のある一団は東ローマに逃れ、そこで居住を許されて落ち着くことになった。しかし西ゴート族にアラリックが出るにおよんで、彼は西ローマへの侵入をはかった。このとき西ローマでは、ライン方面の守備隊を南へまわしてこれに当らせたために、この機会を利用して、西ゲルマン民族はライン河を渡り、ガリア地方（フランス地方）に侵入した。このようにして、ローマの力の衰微の間隙をぬって、ゲルマンの新興エネルギーがヨーロッパ・ローマの地域に一斉に爆発をおこした。

ローマ軍事帝国を保つことは、もはやローマ人たちにはどうしようもなかった。しかしローマ人たちの共和精神によってつくられた帝国の理念は、法の精神として君臨した。そしてこの帝王の座がまさしく栄光の座であってみれば、この座をめざして進む者たちはひきも切らずつづいた。この座をめざす小英雄のひしめきが、ゲルマン民族移動のころからさらに活発になった。

しかしこの渦中に巻きこまれたものは、みんな逆巻く業火の中に憤死を遂げたといってよい。さきほどあげたアラリックも、この一人であった。しかし、この渦巻きを遠くから眺めていたゲルマン民族のフランク一族たちは、このようにして互いの刃に倒れていったあとに残された幸運児であった。いろいろのゆさぶりのあと、英雄クロードヴィッヒはフランク族によるゲルマン部族のかなり大きな統一を成し遂げた。ローマという大きな世界に当るには、それまで多元化されていた部族群雄のゲルマン社会が、何らかより大きく統一されなければならなかった。

そういうとき、フランク王国は見事に名実ともにその名のりをあげたのである。この新鮮な野生の王国の武力は、しかしただやたらに荒々しいだけではなかった。この新しい生命活動の内奥には力強い生命が脈動しており、この生命はきびしい節制と厳粛な生命の原理や法に深く浴したものでなければならなかった。事実、ゲルマンには、ローマ法のような法典がなかったことは事実であろう。しかしタキトゥスもいっているように、いかなるゲルマンの君主も、彼ができるだけよき指導者であるためには、自らが従わなければならない「法」があった。こういう生命の力強い萌芽があったからこそ、クロードヴィッヒは、同じ根の生命活動を燃やしつつあったローマ・カトリックの宗教精神と結びつきえたのであろう。たしかに、かつてのローマ人たちによるローマの軍事帝国は滅《ほろ》んでいた。しかしかわって新しいローマが新生しかけていた。ローマ帝国に代わって精神的に大ローマ帝国を支配するように運命づけられたローマ・カトリック教会の宗教生命がそれである。これは文字通り破壊されたローマの廃墟の中から、キリストの不死身の精神を受け継いでとび出した「フェニックス」(不死鳥)であった。そして、この生命がギリシア・ローマの精神の沃野の上に新しい文化を担うものとして、登場してきたのである。

すでに内実の原理となったこの精神は、文化要素としてのローマ・カトリック教会にあらわれていた。

この神の国の理念は原生命に根ざしたものであってみれば、単にあの世のものではなくて、当然この世に烈々としてもえる生命であった。これは、現にローマ帝国地域を政治の上でも動かす奥深い生命の原理として、この世に君臨しはじめていた。この生命原理を、のびるフランク族の生命を代表するクロードヴィッヒ王が嗅ぎつけたとしても、それは決して不思議ではなかった。あるとき突然クロードヴィッヒはカトリック教へ改信した。そしてここに今後のヨーロッパを支配する二つの中心が生まれた。おのおの自立運動をおこすことによって、それぞれが中心でありながら、それらは、相引きあい離れあいながら、同一世界を動かす力となる。これを地上の新勢力と天上の精神との結合とか、帝権と神権の結合とか人はいうかもしれない。

しかしこの結合は深い生命のふれあいであり、新しいヨーロッパ世界の創造を意味していた。新しいヨーロッパの姿を象徴するように、クロードヴィッヒに対しては、四九六年の聖降誕祭日に歴史的な洗礼が行われた。さらに、それから隔たること三〇〇年あまりあとの西紀八〇〇年クリスマスの日には、フランク王カール大帝が、永遠の都ローマにおいて法王レオ三世から、ローマ帝国の帝王権を象徴する王冠を授けられた。授ける者が実権があるのか、授けられた者が実権を有するのかの問題は、後におこる叙任の重大な問題である。

しかしクロードヴィッヒ、カールともによくゲルマンの自主性を維持しつづけながら、ローマ・カトリックの自主性と結託したことには、大きな意味があった。人間の知恵の歴史では、過去のすぐれた遺産をできるだけ立派に自主的に受け継ぐことによってより大きく発展していくことが大切なのである。

その点で、キリスト教が古典ギリシア・ローマの知恵を受け継いだのは、この立派な自主の力によってであった。自主的に受け継ぎながら、古典ギリシア・ローマの地中海世界にとって代わる新しいヨーロッパ世界をつくる核心の力になったのである。

すでに出来上がっていた地中海の文明世界は、さきにはオリエント世界の、あとにはギリシア・ローマ精神の支配した世界であった。しかしここには衰微があり、交代があった。ギリシアの神々もローマの神々も、古代都市の変貌とともに死滅し、それに代わって、キリスト教文化が不死鳥の羽ばたきをはじめたのである。

この生命力を、ゲルマンのすぐれた生命がまた吸いとったのである。その意味で、未開のゲルマン世界が新しいヨーロッパ文明社会を創造していくためには、何としてもギリシア・ローマを受け継いだローマ・カトリックの洗礼を受けなければならなかったのである。しかしこれは、西ゲルマンの盟主フランク王クロードヴィッヒのゲルマンの自主性においてであって、東ゲルマンの盟主テオドリックの古代ローマへの追随的模倣精神においてではなかった。テオドリックは発展の生命力・精神をカトリック世界から汲みとらず、斜陽のローマ伝統文物から文化の素材を単にひき出したにすぎなかった。彼は、卑屈にローマ化して覇気をなくしていった。彼は同じくキリスト教徒とはなったが、ローマ・カトリック（アタナシウス派、三位一体とキリストの神人両性に対する信仰を教える派）信仰とは犬猿の仲のアリウス派（キリストは神によって造られた者で、神ではないが、人として道徳的に完全であった、と教える派）の信仰をとった。

この宗教の基盤のちがいは、大きなマイナスであった。他方フランク王国クロードヴィッヒが鋭い嗅覚で嗅ぎつけてこの上ない糧としたのは、ローマ・カトリック信仰であった。またカール大帝がゲルマン世界の大教養化を断行したのも、ギリシア・ローマの知的文化を自家薬籠中のものとしたローマ・カトリック教会によってであった。これは、いわばギリシアの知恵をとり入れたキリスト教のように、キリスト教を自主的にゲルマン世界にとり入れたものであって、ローマ教会にまったく従属してしまうような態度においてではなかった。この点が非常に大切なことである、と思う。特に、現実の政治勢力として伸びてきていたローマ教会に対するこのゲルマンの自主性こそ、また近世ドイツのルターの宗教改革を生み、ヨーロッパ世界から澎湃としておこった宗教の自主性・プロテスタント（新教徒）の精神でもあった、と考えられるのである。

ゲルマンの自主性を失っていく者たちとは、新しいヨーロッパ世界を担う資格に欠けた者たちであったであろう。ローマも、その誇り高い自主性をもちつづけた間は、伸びゆくローマであり、栄光の座へとのぼる旭日のローマであったことを忘れてはならない。さきにものべたように、ゲルマンの土地を捨てて、いたずらに自主性を失い、豊かな金銀財宝・文化遺産・権力のみを求めて、南のローマに走ったゲルマン人たちは、新しい世界の担い手とはならなかった。しかしいくら自主ゲルマンの世界とはいえ、フランク王国の文物・政治組織は、ローマ帝国とそのあとを受け継いだローマ・カトリック教会を、自分のよきモデルとしたことはもちろんである。しかし、行政の内実においてはゲルマンの要素が強くにじみ出ているのである。

ゲルマン部族国家の各氏族の人的結合の支配が、ローマ官僚支配体制に優先していることは、見逃せない事実である。ゲルマン体制は、その意味では割拠的であり分立的であって、現在のドイツ連邦共和国にまでみられるように、複合国家の形態をとる傾向が強かったのである。ローマ法という体制のもとで機能する統一の官僚帝国組織ではなく、その意味の良法典下に組織されるものではなくて、いわば不文律のもとで、国王という一人格のもとに結合する諸貴族や人びとの人格要素の優先する結合体であった。これは多頭の指導者層をもつ人的結合体である。不文律の「法」に対しては、国王も諸領主たちも、いわば相互に自由に平等にただ誠実な精神に基づいて従い、それによって結ばれる、という人的結合であった。これが、ゲルマンの自由な「従士制」(Gefolgsschaft) といわれる結合を生んだもとと考えられる。

しかしのちになってゲルマン部族がガリアにローマに進出しローマの制度に接するようになるにつれて、その影響を強く受けるようになった。いわゆる家臣制 (Vasallität) への移行現象である。もともと保護を受ける不自由な民や私的傭兵などのいるローマ体制のもとで、特にサラセン人たちを迎え撃った天下分け目の軍事専門の騎馬戦闘様式の発達などで、家臣制度が発達し、これが、ヨーロッパ中世の封建体制へと移行する大きな力となったことが考えられる。このようにして、古いゲルマンの氏族の機能は、順次に崩壊していったものと考えられる。もとより、慢性の戦闘状態にあるわけだから軍事は最重要なものであった。

しかし、土地の受益ということが、ローマの末期には、都市生活ということよりも地方の生活の安定源であった。しかも家畜群を唯一の財産として遊牧するゲルマン部族の間でも、農耕への認識が高まりかけていた。そうしたときに、専門の戦士として君主につかえ領土を守る騎士層が、より安定した生活の資力である知行地を与えられ、召し抱えられるという気運が生じたのである。さきのタキトゥスの言葉のように、家畜が唯一の財産で、その家畜の数の多さを誇っていたゲルマン人たちが、今は土地の受益者として、封土（Feudum）を与えられたのである。封建制度という言葉はドイツ語でFeudalismusというが、この言葉はすべてのヨーロッパ語にほとんど共通している。しかもこれは古高ドイツ語のfihu（ドイツ語Vieh、家畜）、ゴート語faihu（家畜）という言葉からきている。家畜の所有権をもつように、土地からの受益権をもつ、という意味で、封土への関係とまた生活の安定とが、約束されている体制ができたのである。

こうなってくると土地支配ということは、その土地から収穫をあげる農民支配ということになって、かつてのゲルマン部族の中で農民として土地に縛りつけられた者と、そうではなく専門の騎士として戦闘に従事する者との格差が生まれ、職業や身分の差が一層はっきりしたものになってくる。騎士は特権化し、農民は隷属化し、ここに、領主と農民の関係は、かつての人間の相互の自由な人的結合に基づくゲルマン世界の中で、複雑にからみあった。近世の新しい人間自覚期に達すると、その歪みは方々での農民暴動となり、宗教改革時それ以後の農民戦争・宗教戦争へ、さらには封建制打破のフランス大革命などへと波及していくのである。そしてこれは新しいヨーロッパ世界の大きな問題として、ゲルマン部族の浸透したドイツ・フランス・イギリスのような次代を担うヨーロッパの主要国家に、近世への鐘を打ち鳴らす新しい大きな要因の一つとなっていくのである。

## 第四節　封建体制の精神的構造

封建体制、それも地中海ローマ世界に代わって新しく登場したローマをつつむゲルマン・ヨーロッパ世界の封建体制が重要なのである。古典ギリシア・ローマ世界は、ローマ帝国の滅亡によって事実上の指導権を失った。しかもそれは長い間のゲルマン勢力浸透によってねじ伏せられた。このことにより、西北のかなたには、西ゲルマンのフランク族王国の帝権支配という一つの核ができた。この核がヨーロッパ世界を理解する重要な一つの鍵なのである。しかしもう一つの核が帝権と相対した南のローマにあった。かつての蛮族であったフランク国体制を改宗させ、網の目のような修道院組織を浸透させ、ギリシア・ローマのわずかではあるが貴重な知的教養を供給したのは、何といってもキリスト教の教権・法権であった。この核も、やはりローマ帝国滅亡の悲惨な過程の中で醸成されたものであった。こういう二つの核が中心となり、あるときは宥和し、あるときははげしく抗争してダイナミックに動く世界がつくられた。しかし両者とも、まだ近世のように開かれた世界には向かわなかった。いわば閉じられた世界の精神になった。やむなく異教・イスラム教徒勢力によって閉じこめられた面も多々あったかもしれない。

しかしいずれにせよ、自己独自の力をいったん閉じられた世界の中で養う必要があったのである。この中で自己の力を自覚させられなければ、この封建体制の精神は、世界に伸びていくことはできなかったかもしれない。やがてこの中で封建体制の理念は円熟し開花する。しかしそれは開花することによって、自らは凋落した。が、こうした脱皮を通して、それは近世の大きく開かれた世界の中へ、自らを発展させていく。その意味で、封建体制が新しい世界の母胎となったことは、十分に注意しなければならないことだと思う。

土地所有ということは、人間文化発展の基盤であり、ある土地に定着してこそ汗して労働することは、そこに支配・被支配の関係はあったとはいえ、古来からのものであり、文化形成の母胎であった。人間誰もが、生活の資源である土地を求め、それを管理しようとした。しかしこの土地を介して富の増殖をねらい、安楽な生活を求め、都市を発達させ、文明を発達させたその基礎には、大量の奴隷、半奴隷を牛馬のようにつぎ込み、それを利潤のもととして商業活動をしたことが多かった。

しかしこういう利潤が、ローマ帝国の滅亡によって涸渇した。それればかりか、地中海世界をかつてのように豊かな商業交易の大動脈として使うことが、新月旗をはためかすサラセンのイスラム教徒たちによってまったく阻害された。これが重要なモメントとなって、ヨーロッパ全体の商業活動が一挙に衰微した。

「キリスト教徒たちはもう板切れ一枚だって地中海に浮かべられない」とまでいわれたほどに、この地中海の覇者となったサラセン人たちは、古代ギリシア・ローマ世界から豊かな交易の場をまったく奪いとった。地中海世界からその豊かな栄養をとって伸びあがらんとしていた大陸ヨーロッパ圏は、以前から強かった南方・地中海への魅惑から完全に遮断されるに至った。マルセーユを通してヨーロッパ圏に流れこんでいた豊かな物質が途絶えた。八世紀のことである。

例えば、パピルスもエジプトからは来なくなって、羊皮紙を使わなくてはならなくなった。しかしこれを契機として、羊皮紙文化が西ヨーロッパではじまり、湿潤の土地のきわめて良質な羊の牧養が至るところで盛んになった。これがひいては羊毛工業の発達となり、近代ヨーロッパの産業工業社会への発展の重要なファクターとなった。最も良質の羊毛を産するイギリスが、やがてその羊毛工業の知恵でもって近代産業の資本の蓄積し、近代社会をリードすることになった事実については、後述するとおりである。が、窮乏の中の知恵は、これまでから人間に新しい文化要素への知恵をめぐんできた。ヨーロッパ世界も、こうして独自の知恵を見出していったのである。

しかし何はともあれ、富への追求はもちろんあるが、全体としては急速に衰えたのである。それが、封建体制の体質を、きわめて地味な自給自足の各地域別の閉じられたものにしていった。自給自足の土地が、本来の重要な文化要素となって、特に浸透していくキリスト教のつつましい徳義を実践する場としても大いに評価されるようになったのである。

こうしたときに、古典ギリシア・ローマ世界にかわって指導中枢となるゲルマンの帝権とローマ・カトリックの教権とのかたい手の握りあいとして、フランク王国カロリング朝のピピン王が教会領（中部イタリア）を寄進したのである。これはある重要な象徴的意味をもっていた。教会が自発的な寄進その他巡礼たちの喜捨によって、ある財産を利欲のためではなく信者たちの敬虔のしるしとして受け取り管理すること、利欲という悪徳をはびこらせないためには、必要なことであると考えられた。これは教会の理念にも合致するものであった。

土地は、神がしばしば下界での人間生活に必要なものとして与えたもうたものである。ここで心を貧しうして労働し、貪欲の悪徳を退け、死後永遠の生命・救済へ至るその準備をするのはよいことである。こうして、土地は、修道者の汗して働く場としての新しい意味を中世にもつようになった。富める者たちは、その美しい喜捨行為・寄進行為によって、修道院の示す模範的な慈善行為を見習うのが美徳とされた。教会は飢饉の際には、困窮した者たちに無償で貨幣を貸しつけることもできたし、貯蔵された収穫物を分配したり、貧者にはいつでも慈善のできる体制をととのえることができたのである。

貧窮はキリスト教では一つの美徳であった。利子をとって貸しつけ、利潤をあげるということは、忌まわしい行為であり、「商人はほとんど、いや全然神に嘉《よみ》せられることができない」(Homo《ホモー》 mercator《メルカートル》 vix《ウィクス》 aut《アウト》 nonquam《ノーンクァム》 potest《ポテスト》 Deo《デオー》 placere《プラケーレ》)といわれるような原理が、その当時の教会人にはあった。九世紀以降は利子徴収ということが俗人に対しても禁止されるほどであった。もっともこれらの原理は、スコラの決議論にももりこまれたものである。これは道徳を法律として規定し、義務の履行や利害価値の判断をする論であるが、これにはしかし、古代ギリシアのアリストテレス的倫理がまた強く影響していることも見逃してはならない。この点で古代・中世の知恵と精神はまったく共通しているのである。

比較的長い引用になるが、ここにアリストテレスの著書から少しひき出してみようと思う。アリストテレスは、中世キリスト教理念を集大成したトマス・アクィナス(1225-1274)のスコラ学大成に非常に重要な影響を与えた人である。このギリシア哲学大成者の自然理念がキリスト教のスコラ理念に与えた影響は、やはりはかり知ることができなかったと思う。しかし見落としてはならないのは、キリスト教倫理によってもたらされた貧しさの倫理は、アリストテレスにもまた古典ギリシアにもほとんどなかったものであり、この点で同じく自然経済にその倫理観を求めながら、中世ヨーロッパ世界が古典ギリシアの知恵と精神を真に深めたことは事実である。

それでは、アリストテレスの『政治学』を、次にみてみようと思う。

ところでわれわれが所有しているもののどれにも二つの用がある。その両者とも、ものそのものに即しているといっても同じような仕方ではない。というのも、一方の用はものに固有のものだが、他方は固有でないからである。例えば、靴には靴として履くという用と、交換品としての用がある。両者はいずれも靴の用である。というのは靴を欲する者に対して、貨幣あるいは食糧と引き換えにそれを与える人でも、やはり靴を靴として用いるのだから、それは固有の用い方ではない。というのは靴が存在するようになったのは交換のためではないからだ。他の所有物についても同じことがいえる。なぜというに、すべてのものが交換術の対象となるからである。そしてこの術は、はじめは自然に合致した事情から、すなわち人間たちがあるものは充分以上にもち、あるものは充分以下にもっているという事情からおこったものである（ここからしてまた商人術は取財術に自然によって属するものでないということも明らかである。……）。ところで最初の協同体（家）において明らかに交換術に働きを容れる余地がない。むしろその働きは協同体がすでに一層拡大してのことである。というのは、さきの協同体の人びとはいくつかの独立の家に分れていたので、それぞれ多くの異なったものをもっていた。そしてそれらの異なったものを必要とするところに従って、今日なお野蛮な民族の多くがやっているように、物々交換によって自分のものと交換しなければならなかったからである。ここに物々交換というのは有用なものがそのまま有用なものと取り換えられるだけで、それ以上には出ないからである。例えば食物の代わりに酒か、あるいはその他のかようなものを与えたり受けとったりして取り換えるのである。だからかような交換術は自然に反したものでもなく、取財術の一種でもない（なぜなら、それは合自然的な生活の自立自足にとって足らぬものを充たすために成立したからである）。けれどもこれからしかるべき道理によってあの取財術が生じてきたのである。というのは欠けているものを輸入し、余分にもっているものを輸出することによって相互扶助が今までよりも国と国との間で行われるようになったとき、必然に貨幣の使用が工夫されるに至ったからである。……さて貨幣が案出されると、やがて必要やむをえざる交換から別種の取財術が生じてきた。すなわち商人的なものがそれである。

（第一巻・九章）

と。さらに彼は次のように考えていく。すなわち、商人術は富のあくなき追求に走り、貨幣から成り立つ財産を失わぬように、あるいは無限に殖やそうとたえず思いわずらい、善く生きる精神を失ってしまう。それというのもその欲望は無限であり、それを満足させる手段もまた無限に欲するからである。が、家政術に本来から属し食糧に関するものは無限でなく、限界をもつものである。と、こう考えた上で、さらに商人術から結果する悪徳が次のようなものだと結論づける。

取財術には二種類あって、そのうちの一つは商人術で、他の一つは家政術の一部であり、後者は必要かくべからざるものであり賞賛さるべきものだが、前者は交換的なもので、非難せられてしかるべきものである（なぜなら、それは自然に合致したものではなくて、人間が相互から財を得るものだからである）。したがって憎んで最も当然なのは高利貸しである。それは、彼の財が貨幣そのものから得られるのであって、貨幣がそのことのためにつくられた当のもの〔交換の過程〕から得られるのではないということによる。というのは貨幣は交換のためにつくられたものだが、利子は貨幣を一層多くするものだからである。……したがってこれは取財のうちでは実は最も自然に反したものである。

（第一巻・一〇章）

アリストテレスのこの理念は、しかし奴隷経済に支えられていた自給自足の土地中心の家政論だったことを忘れてはならない。彼の哲人観想学者としての生活自体、奴隷経済に支えられていたことを忘れてはならない。彼は死ぬとき自分の奴隷を解放するように、遺言したといわれる。しかし、彼の倫理自体、人間の最下層として本性上奴隷の身分にふさわしく生まれついている者の存在を認めている点で、キリスト教の人間の知恵には到底およばないものがあると思う。しかしそれにしても、アリストテレスの自然法の精神が、キリスト教の封建時代の自然法にそのまま大いにとり入れられた。ただその最も深い精神的な核において後者がまさっていることを注目しなければならない。労働を奴隷に任せ、肉体労働そのものを蔑視したギリシア・ローマの貴族倫理とはちがい、このキリスト教世界では労働が重視されたのである。

彼らは「土地を耕しながら生きる」ことによって神の召命を待つ心境と、「心を貧しくして、この世の生を清く美しく祈りながら生きぬいていく」新約の徳義の精神に導かれた。


労働することは祈ることである。（Laborare《ラボーラーレ》 est《エスト》 orare《オーラーレ》.）

というラテン語に定式化される修道院生活の精神は、中世の新しい生き方を教えるとともに、近代資本主義社会へも立派な指標を与えた。カルヴァンの新教（プロテスタント）精神はこの労働精神につらぬかれている。こういう原点の倫理こそ、それが核エネルギーとなって生産性を伸ばし、中世末期を富ませ、都市自治への自覚を高めさせて、近代人社会という豊かな庶民の大衆エネルギーを生み出していくのである。しかしこれには、長い長い混迷・混乱の繰りかえす中世初期、中期の六〇〇年以上を耐え戦いぬいてこなければならなかった。

しかしここでまた忘れてはならないのは、ゲルマンの古い慣習にのっとった分割統治の精神である。すでに中世は、大きな貨幣経済によって支えられた統一的で強大な軍事力維持ということが、もはやローマ帝国主義の衰退によって不可能になっていた。この動きも根強くはあったが、さきにものべた新月旗（アラビア・イスラム圏）の圧迫によって南へ西へのルートを完全におさえられた。商業活動を通して伸びようとした矢先の封鎖であったし、北からはノルマン（ゲルマンの一派）の大暴《あば》れが相次いでおこる情勢下であったので、余計にフランク国も、ゲルマンの分割統治の自然経済体制で中世封建を推し進めることになった。もちろんローマ方式の中央集権国家実現は各帝権の大きな魅力ではあった。しかしフランク王国は、いかに名統一君主クロードヴィッヒを擁したとはいえ、ゲルマンの慣習に則って、国はその四人の子供に分割して与えられなければならなかった。

こののち、そのうちの有力なものが再統一はするが、宮宰職にあった実力者チャールズ・マルテル（イスラム教徒のゲルマン世界侵入をくいとめて勇名をはせた人）の子ピピンのとき、国王を退けて自ら王位につくということがおこった。ここにメロヴィング朝が滅んでより強力なカロリング朝のもとが開かれた（七五一年）が、決してローマ皇帝時代のような支配の仕方にはならなかった。このカロリング朝にカール大帝（チャールズ）が出るにおよんで、ローマ皇帝的権力を一時もつに至ったとはいっても、ゲルマン諸侯の割拠勢力はぬきがたいものがあった。それにまた後すぐそれは、分裂した。東フランク国から出たサクソン朝のオットー大帝（十世紀中葉在位）のとき、神聖ローマ帝国という美名をもらうことになったとはいうものの、結局これも、神のめぐみによってローマ・カトリック教会によって加冠された帝王であり、カトリック教会の優位は、その知的教養において、また自然経済をとりしきる理念において、実際的法律行政手腕において、動かすことのできない事実であったのである。だからゲルマンの皇帝の一本化はどうしてもできぬ相談であり、封建化を破ることもできなかったのである。

そのうちに、教会の所領は、皇帝から寄進を受けなくても、どんどん増えていったし、町や村も中央に教会が建てられ、それを中心にして人口集落ができ、文字通り教会中心の体制は地方にすすんでいった。こうした中では、ゲルマン帝権は、そのロマンチックな名誉ある神聖ローマ帝国王という美名にあわず、実質上は伸びようにも伸びきれなかった。南の宝庫をサラセンに閉ざされたための経済圏の縮小化と衰退、当然限られた自然自給自足経済などでは、中央帝国権力を支えるだけの軍備をととのえることはできなかった。もともとゲルマン部族は、古くから民会の合議精神も根強く、恣意的専制は強い制肘《せいちゅう》を受けていた。例外はとにかく、一般にいって、社会秩序は各人の結合・信頼関係において、素朴な若々しさと、健全な自然の道義によって支えられていた。都市生活に毒せられることのない部族血縁関係が、それぞれの領地を分割して自然経済をいとなみ、自衛または外敵征伐のため、さらには農民たちに賦役・年貢の義務を力の誇示によって行わせるために、それぞれの力量において軍備をととのえる体制がかためられたくらいである。

ところで以上の封建体制の倫理精神において、商人が軽蔑されたことは前にもふれた。が、この当時はユダヤ人が商人の代名詞となったように、彼らの金貸業にキリスト教徒たちからは邪悪視されながらも、ごく少しとはいえイスラム教圏からの奢侈品や香料や高価な織物の取引に従事していたが、一般の間でも商業への魅力は強いものがあった。また東ローマ帝国すなわちビザンティン帝国は地中海の東半分を制していたし、勢力圏にあったヴェネチア共和国はだんだんと信仰の仇敵たるイスラム教徒と「商売は商売」という考えで通商をはじめていたし、封建体制下にあって、人知の発達とともに都市勃興の気運があった。だから十字軍以後の都市社会は、息詰まるような封建体制を打ち破ろうとした。特に都市生活の商人たちは、ローマ・カトリックの利子取り立て禁止をいさぎよしとしない面が強くなった。

土地支配と人心支配で利潤を得、ひとり悦に入り虚栄化していたローマ教会に対する風当たりも強くなっていった。

後（近代）には、新教聖職者は利子徴収をよしとし、ここに古代、中世と守られてきた倫理観がある重大な修正を受けることになったが、これから封建土地観念、農業中心の自然経済体制は、自然そのものを離れて資本による自然秩序変革へと向かい、人間社会を変えていくが、資本主義体制下の現代のいろいろの人間疎外の問題は、後《のち》こうして深刻におこってくることになったのである。

# 第三章　非キリスト教文明社会
## ――インドと中国文明社会の性格――

### 第一節　インド文明社会

『リグ・ヴェーダ』（インドラの歌、その二）において「城塞の破壊者」とうたわれたインドラは、

生まれるや否や、最初の思考力ある者として、最初の神として、神々を賢慮によって掩護《えんご》した彼。その息荒き勢いを、雄力の偉大さのゆえに、天地両界がおそれた彼――彼こそは、人びとよ、インドラなり。

とたたえられて登場する。彼によって、動揺する大地は固められ、悪魔は殺され、ダーサの色（黒人の原住民）は屈服させられ、大勝利が博され、豊かな財産がどんどん収奪されたのだ、とつたえられている。彼が北から侵入してきた征服者インド・アーリアン人たちの象徴であること、しかも彼が破壊した城塞は、まぎれもなく、前二〇〇〇年を中心としておよそ一〇〇〇年間さかえたインダス河文明の築いた砦《とりで》

であったことも、一九二一年来の大発掘によって明るみに出た。パンジャブ地方（五河地方）のハラッパーとインダス河西岸のモヘンジョ・ダロが、エジプト、メソポタミア、黄河文明と並ぶインダス文明の二大中心地であったことも明らかになった。また青銅器文明が栄えたこれら巨大な都市文明の担い手であった人たちは、新来者の白色のインド・アーリアン族とは対照的に、その皮膚の色も黒く、信仰・風俗・言語もちがっていたことが推定された。彼らは蛇形の悪魔で、インドラが制圧したのはこのような種族であったのだ、といわれた。人びとは、

インドラよ、おんみが蛇族の初生児を殺したとき、しかして幻力に富む者（悪魔たち）の幻力を挫折させたとき、そのとき太陽・天界・暁紅を出現させ、こののちおんみは実に敵対者を見出さなかった。
（インドラの歌、その一）

とうたった。インドラは、ギリシアに侵入した天上のオリュンポス神崇拝部族と同じように天空の神々をあがめる部族を代表していた。それは一つこの部族の言葉サンスクリットの「神」(deva《デーヴァ》)という語をとってみても、本来「天空」とか「輝く」の意味を表すギリシア語　（ゼウス、オリュンポスの最高神）とかラテン語のdeus《デウス》（神）と共通していることから推測される。

一方被征服民たちは、精悍な遊牧・騎馬の侵入者とはちがって、かなり高度に文明化された農耕民族であり、多産・豊穣の大地の母神をあがめ、生殖器崇拝の風習も強く、呪術を駆使した異信仰の部族であっ

た。この点でも当初の新来アーリア人たちには、彼らはあまりにも奇異で悪魔的なものと映ったにちがいない。発見された頭蓋骨その他から先住民を考えてみるとき、これらの種族が多くの人種の混合を推定させる。階級別ももちろんあったわけだが、西アジアに共通する母神への崇拝、動物や樹木の崇拝、特に牝牛への尊崇などは、のちのインドの民間信仰としても、強い息吹をもってヒンズー教の中に脈々として波打っており、古代からの根強い部族宗教を感じさせるものがある。

が、何はともあれ、強力なアーリアンのインダス文明征服後（前一五〇〇年ごろ以降）は、これらの異種族が互いに入り乱れ、多種多様な文化の混淆がおこなわれた。多くの部族に分れていたアーリア人たちの中でも、相互の権力の争いがしばしばおこった。とはいっても、繁殖力の強い先住民たちのきわめて強い神権宗教意識と侵入征服者の宗教意識が結合してここに特権をもつ祭官階級という最高位の階級がつくり出されたということが注目される。高度な農耕民族をおさめていくには、いろいろの祭式が必要とされた。福祉国家をつくるための高度な知識が必要とされた。したがって、ますます高度な専門知識を駆使できる専門階級として、学識ある祭官の地位が向上したのは当然であろう。他の者たちの容易に口ばしを入れる余地のないほどの複雑多岐な部門が次々にできあがっていた。『リグ・ヴェーダ』その他にみられるような讃歌、これをつくり暗誦し、うたって神々の加護をうる行事の一つをとってみても、それは並大抵のことではなかった。

ところで歌謡をよくしたアーリア民族は、ギリシアではホメロスにあるように、インドでもまた多くの歌をつくり出したが、これらがインド特有の宗教的地盤のゆえに、特権化し神聖視され、この家系は専門・世襲化したのである。この先祖は神性をもつものとして、リシ（聖仙）と呼ばれて尊崇された。祭官階級（バラモン）の下位にあるものとしては、王侯を中心とする武士階級、農耕・牧畜などにたずさわる一般民衆の階級、さらにその下にあって奴隷として奉仕する奴婢の階級に分れた。しかし保守的な農耕地盤のインドでは、このようなヴァルナ（本来は「色」をあらわす語）の四段階はだんだん固定化される傾向が強まった。

四つの階級の分化についても、いったん神聖な『リグ・ヴェーダ』（「プルシャ（原人）のうた」）のようなものにうたわれると、それはますます権威づけられ、固定化されてしまうものである。そのうたによると、過去・未来にわたる一切者としてのプルシャは天界・下界すべてを支配する。これはまず、四分の三は天に、四分の一は下界にというふうに分れる。下界のプルシャがまた祭祀の王となり、完全に行われた祭祀からはプリシャッド・アージラ（原物質）が集められ、それから馬や牛などあらゆる獣類が生まれ出るという具合である。神々はプルシャをまつり、春のアージア（バターの溶液）をはじめとして、夏・秋などが供物とされる。

プルシャはまた、切り分たれるとき、口、両腕、両腿、両足と分れてくるが、その口からは「ブラーフマナ」（バラモン、祭官階級）、その両腕からは「ラージャニア」（王侯、武人階級）、その両腿からは「シュードラ」（奴婢階級）が生ずるのだ、と語られる。原人讃歌にうたわれるプルシャは、

千頭、千眼、千足を有し、あらゆる方面から大地を覆って、それよりなお十指の高さに聳え立つ。

という巨人であり、この解体によって次々と天地が創造されたのである。これはゲルマン系の北欧神話などにもみられる巨人解体神話である。

同じインド・ヨーロッパ系民族の思惟のあとをとどめるといってもよいが、これが語られたのは、『リグ・ヴェーダ』でも最も新しい層の第一〇巻である。『リグ・ヴェーダ』は、前一二〇〇年ごろを中心としてつくられた、といわれるが、古いものは前一五〇〇年までさかのぼる。が、最新層のこの第一〇巻は、いわば汎神論的傾向の強くなったときのものである。だんだん哲学的思考が強く芽生え、多神教の世界に唯一神を求める傾向が強くなったときのものである。

その後の前一〇〇〇年ごろにはじまる後期ヴェーダ（『サーマ・ヴェーダ』、『ヤジュル・ヴェーダ』、『アタルヴァ・ヴェーダ』）のころになると、経済的には、アーリア人たちの定住も決定的となり、農業政策が最重要事として、それぞれの季節に応じた呪術的な支配力が要請されるようになった。例えば、呪術の書といわれる後期ヴェーダの一つ『アタルヴァ・ヴェーダ』では、人格神の要素が少なくなり、呪文の句とか、祈禱の句などが重要な意味をもってくるのである。

アーリア人たちは、前一〇〇〇年ごろには、さらに東漸《とうぜん》して定着し、そこにつくった氏族制の農村社会では、土着民との結びつきはますます密接になった。土着民本来の呪術的民間信仰が、豊富にバラモン教にとり入れられてくる。『ブラーフマナ』(Brāhmana) すなわち祭儀書は前九〇〇〜七〇〇年にかけてつくられたものと考えられるが、ここには血なまぐさい犠牲が出てくる。世界のすべては、バラバラに切りちぎられた神の肉体と精液とからあらわされたものである。この犠牲の儀式は、祈禱の句とか呪文の句を意味する。ブラフマンの呪力をもって、バラバラになった存在をまた再創造することがめざされる。あらゆる冠婚葬祭は、このような生と死を、再生などの呪術的意味をもつものが多く、ここに「ブラーフマナの宗教」、すなわち、バラモン教の膨大な資料が生まれてきた。これらには、インドの農耕社会の大地のにおいが濃くしみわたっている。が、このようにしてインド的に変貌したものが、のちのヒンズー教であった。インドの大衆の血のかよった社会には、商人社会で栄えた仏教は、結局根づかなかった。現代にいたるまでのインド宗教は、農耕の大地に根ざし民間信仰の要素に染めぬかれたヒンズー教が、何といっても第一人者となったのである。

天と地の支配を行いつづけようとするバラモンの司祭階級は、呪術を通して、王族階級も庶民階級もずっと支配しつづけようとしたのであるが、降雨や豊作を祈る呪術は大きな失敗をすることがあり、これに対する非難がやはり各方面からおこった。この結果、もっぱら外面的功罪に終始していた儀式が、だんだん内面化（精神化）の傾向をみせはじめた。内面化は、ウパニシャッドの中に集約されている。これは、仏教のおこる前後におこった初期の『ウパニシャッド』（奥義書、Upani ad）、すなわち普通一四〜一七篇の古代ウパニシャッドであるが、中期のもの、後期のものをあわせると全部で百数十篇におよぶとされる。中でも中期のものは、哲学思想、特に一神教的信仰が強く、またヨーガの思想もあらわれてくる。

バラモンの技巧・形式などの外面的要素に対して、ウパニシャッドは神秘哲学による内面的要素が強くなっている。これは物に対する支配力を失いつつあった犠牲式への、一種のレジスタンスと受けとれる面が濃い。この内面化の傾向は、人間の深遠な内奥の「我」(アートマン、ātman）と、やはり深遠で名状しがたい宇宙魂「ブラフマン」(brahman, 梵天）とが、同じものであるという、いわば個体的原理・「アートマン」と全体宇宙的原理・「ブラフマン」との合一説になっていくのである。内面化といっても、唯心論的な発想法ではなく、呼気であるアートマンが、大気であるブラフマンを通して、空気という目に見えないものを通して、その呼気による生命現象を内面化していくのである。ブラフマンが、生命の主であり、根源であり、死は、とりもなおさずアートマンの滅亡ではなく、ブラフマンへの帰入である。解脱というのも、生きながらにしてブラフマンへの没入であるし、また輪廻思想もこのアートマンのかぎりない再生なのである。この輪廻は、すでに犠牲において、ブラーフマナの最高神である造物主プラジャーパティが、何度となく切り刻まれまた再生されていくプロセスの中で、容易に形成された思想であった。

このように、はじめ神話的に語られたものが、ウパニシャッドになると、哲学的になり、原理・奥義・秘奥を知ることによって、自己を支配し、解脱の境地に達するという主知主義の傾向が強くなり、この解脱思想は多く瞑想的となった。特に前七～六世紀にかけての著しい社会変化の影響によって伝統的祭式が大きく崩れはじめていった。豊かな土地の開発が、東方ガンジス河中流地方に進められたし、豊富になった農産物の余剰は、商業・手工業を発達させたし、都市を興隆させはじめた。

この種の社会変化はやがて新興勢力を生み、また社会変動からくる争いは、多くの人びとをあぶれさせ、この流動の世相にあって、このような人びとが社会を捨てて森に逃れる傾向も、だんだん強まりはじめていた。　思想は、いったん崩れはじめたこの体制の中で、あるいは唯物論的に、快楽主義的に、懐疑主義的にと、自由にバラバラのしかし活発な様相を呈しながら、いわゆる中国の百家争鳴時代やギリシアのソフィスト時代に匹敵する自由思想時代を迎えるに至ったのである（仏教経典によると、六十にあまるいろいろの思想があり、三六三人の論争家があったとつたえている）。仏教の開祖・ブッダもこのような思想の沃土から生み出された一人であった。ソクラテスや孔子がそうであったように。

すでにウパニシャッドでは上位のバラモンに教えを伝授する王侯の姿がある。王侯・貴族の新しい勢力が、バラモンのかつてはほとんど独断場であった分野に進出してくる。インドという宗教的沃野の中で、ようやくバラモンの絶対体制が分解をはじめたのである。主知主義的傾向が盛んになりはじめると、議論の強いもの、論理の通ったものが優勢になった。

これらの者たちは、瞑想と禁欲生活の中で、一種の知的・精神的霊力を身につけることによって、あるいは力を失いつつあった旧勢力に対抗する新勢力に召し抱えられた者もあり、隠者や遍歴する苦行者たちが、自らのぞれぞれに悟りえた真理を公開的に盛んに討論しあう場面がみられるようになった。このような浮浪的苦行者はインダス文明の栄えたころからあるにはあったが、征服民のアーリア人たちは、彼らをさげすみ、不浄なる者とした。しかし宗教の真理というものは、多く孤独の中に苦行し瞑想することによって得られるものであり、宗教がことのほか重んぜられたインドの土地においては、実際の修業を苦行によって積んだ者たちが、真の実力、すなわち他を威圧する霊力をもつことから、ウパニシャッドの時代には、森林の孤独は大きな霊力の意味をもってきた。

また彼らの中には、実社会に敗者となった者たちも多く、この隠者生活を通して名をなし、宗教的尊崇をあつめる傾向が強くなった。彼らはやがて多くの論陣を張り、相手を説伏して自己の門下に入れ、多くの弟子を養う宗教団体をつくった。さきほどの新興国家の知的霊的ブレーンとして迎えられることもあって、俗界に勢力を伸ばす機縁をつくる者が出てきたのである。新旧勢力、すなわち旧き族制の衰退没落と、新しい国家興隆のこの時期に、このように大きな思想変動があったことは、注目しなければならぬ事実である。もちろん古いバラモン教義が崩れてなくなったのではなく、これがさまざまの要素にとり入れられ変貌していったのである。

バラモン教や族制組織が、自ら閉じられた社会をつくり、硬化しはじめ、反生命的になってしまうと、根源の生命は、当然そのかたいカラを突き破ろうとするであろう。この開かれた社会へのエネルギーが、新しい国家組織や商工業や若々しい大衆への開放・宗教的エネルギーとして、特に仏教や、ジャイナ教の宗教生命として発展していくのである。例えば、この新しい時代に適応する仏教は、枯渇した生命力しかもちえない旧体制をきっぱり否定する方向で、新時代を開いた。しかしこれは、全然別な生命体ではなく、やはりバラモンを否定しつつも、バラモンを救い、また大衆の宗教心を救うものであった。

これは閉鎖宗教を否定する一つの大きな開かれた大海の宗教であった。犠牲による殺害によって豊饒多産を約束したり、性行為的呪術が多雨をもたらして農業・牧畜を盛んにしたり、うそ・いつわりが許されたりしていたのを、すべてこれらをせまい族制の閉じられた社会の教えとして否定した。これらが自分たちだけの欲望をみたすものであり、そこに繰り広げられる血で血を洗う醜怪な欲望の修羅場をつくることから、すべての欲望を否定し、欲望のくびきから魂を自由にし、それによって心の平和・誠実を勝ち取ろうとした仏陀の教えは、これまで淀みに淀んで悪臭を放っていた因襲の沼地から、人びとを完全に解き放つエネルギーであった。だからこそ、これらは新しい生命に飢えていた人びとの心を十分にとらえたのである。

シッダールタはシャーキア（釈迦）族の王ゴーダマ家に生まれた。王子であったが、この族制から逃れて、妻や子も捨て、すべての苦から逃れる解脱、ニルヴァーナの境地を求めて旅に出た。いろいろの遍歴を重ねた結果、解脱に向かって努力することもまた、一つの苦であることを悟り、菩提樹の下で静かに瞑想大悟した。こうしてシッダールタは、あらゆる苦の輪廻からの解脱と慈悲の権化としての人格を得たのである。仏陀（Buddha 覚者）としての彼は、自分の一族が敵軍によって滅亡するのをその目で見たし、このような族制の相次ぐ滅亡は、そのはかなさを彼の預言した通りにしたので、いろいろな有力者や大衆などが、彼の霊力に驚嘆して、やがて続々と教えを仰ぎにやってくるようになった。

キリストが、学者としてではなく霊力をそなえた権威者として、その人格から自然に生まれ発散する力によって、人びとを導いたように、仏陀も学問によってではなく、その人格の霊力によって人びとを教化した。仏陀は、旧来のむずかしい形而上学説を云々《うんぬん》したり、やかましい儀式や犠牲を云々したり、カーストの利益代表者であったりすることなく、これらの形式・学問をすべて捨て去り、ただ一途に欲望からの解放と偏在自由なニルヴァーナの境地を説いた。このことが、自由自在に開かれようとしていた新時代に受け入れられたのである。

仏教の教えは、ヴィナヤピタカ（律蔵）と呼ばれる聖典にあるように、つまり四つの真理、すなわち四つの諦《たい》（苦諦《くたい》・集諦《じったい》・滅諦《めったい》・道諦《どうたい》）のうちに説かれている。万物これ苦悩を確認することが苦諦であり、苦悩の原因（あらゆる欲望）のよってきたるところを知ることが集諦であり、苦悩の滅却を説くのが滅諦であり、苦悩の原因であるあらゆる欲望を滅却するニルヴァーナの道を示すのが道諦なのである。これらの教理は、やかましい理論を要しない。哲学は時間の浪費であるにすぎない。何はともあれ、瞑想によって精神を統一し、徳の力を身につけ、透徹した霊力によってニルヴァーナの境地に至ることが必要なのである。

このような境地に至りえた仏陀の内面から自ずと出てくる霊力が、人びとを引きつけ、この教えの正真正銘さを実証したのである。が、いかに実践のみであっても論証的ではなかったとしても、仏陀の寂滅《じゃくめつ》後は、師の実践・説教の力が時と共に薄れて、当然それを教理の形で理論づけるなり神話の形で活力を高めるなりしなければならなくなった。そこには当然、それぞれの派、人のうけとり方の多様性が出てくる。仏陀の自由な霊力あふれる説教の生命は、数多く相敵する学説に分断され、やがて生命を失った哲学におちいることになる。

ところで、初期の仏教は、ニルヴァーナに達する救いの道を説き、聖者であることを理想としたが、これは時のたつにつれて、聖者であることを欲すること自体利己的であり、悪しき欲望であるとみなされ、小乗仏教といわれて嘲《あざけ》られた。他方慈悲の心をもって不幸な人びとを助けたり、よき信者をふやしたり、そのようにしてこの世にできるだけ長く滞在して悟りの準備を誠実に行う謙虚な心をもつこと、すなわち、ボサツになることが、大乗仏教の理想と考えられ、これが西暦紀元のはじめから六百～七百年の商業社会のインドにおいて優勢になった。

これよりさき、アレクサンドロス大王のインド侵略のとき、チャンドラグプタ・マウリアという者がいて、大王の陣営に来たことがつたえられている。彼はこののち北インドに帝国を建国した。この家系からは、第三代目にアショーカ王（阿育王）が出て、全インドを統一し、史上最初の大帝国を前三世紀半ばにつくりあげたことは、有名な史実である。彼は戦争の残虐さを身にしみて感じ、戦争の放棄を決意し、仏教の平和的慈悲の精神によって開眼した善政を布《し》いたので、三〇年間ほどの彼の治世はまさに仏教精神のこの世の具現を思わせる御世であった、と賞賛された。仏教徒は保護され、医薬の道は慈善的に奨励され、農産業の開発もすすんで、いろいろ立派な公共施設がたてられ、立派な教育が行われた。文化・芸術の新興もめざましかった。しかし、この開放的黄金時代も、アショーカ王の死後まもなくあわい過去の追想となるかにみえたが、また北方から月氏族が侵入して、紀元一～二世紀にかけて、西北インドに大帝国をつくった。ここでもまた仏教が保護され、ガンダーラに、ギリシア・ペルシア・インドの多彩な美しい混淆によるガンダーラ仏教美術と大乗仏教の現世的宗教の勃興をみたのである。

やがて紀元四世紀はじめに、かのマウリア王朝をしのばせるグプタ王朝が、その富強を誇るに至った。大きな道がインド国内につくられ、この大道は商工業の発達と信仰の普及をもたらし、大帝国の版図を安泰なものにした。中国の法顕《ほっけん》僧の旅行記によってみても、この帝国の平和な繁栄ぶりが、如実に示されているのである。かくして、この大乗仏教の宗教的支配精神は、帝王権（すでにアショーカ王のとき仏教に帰属した帝王は仏陀の悟った「真理の法」すなわちダルマの具現者としてあらわれている）の伸長をはかる中国や日本につたわり、そこでそれぞれの国土にあった姿として根づくことになった。ニルヴァーナを説いた素朴な原始仏教は、それぞれ帝王権を象徴する絢爛豪華な現世的仏教文化をつくりあげたのである。しかも、文化の混淆の最も豊かな西北インドの世界的性格は、そのまま仏教をして世界的宗教であらしめるのに、大いに役立ったということができよう。

しかし、当のインドにおいては、大乗仏教の尊大な形而上の観念、空想的教理、また仏教本来の反カースト・反族制的要素は、その後おそった大帝国の解体と封建分立体制の中で、その生命力を失っていった。理論的観念や思弁だけが優勢になって、民族からだんだん乖離することになり、かえって生活は本来の貧しさを忘れ、安楽にまた贅沢に暮らすようになるとともに、勢力を弱めていった。それにかわって、村落形態の分立傾向に向かっていった社会では、観念化して、生命を失っていく仏教にかわり、深く民間信仰に根をおろしていた活々とした個性的人格神の尊崇が復活した。ヴィシュヌ神が個性豊かに登場する。太陽の光の神格化であったこの神は、活々した民間信仰を通して、いろいろのものの化身となってあらわれる。中でも、クリシュナとしてあらわれ、叙事詩巨篇『バガヴァッド・ギーター』の主要なモチーフとして、これをつらぬきとおす。

前一五〇〇年前後のインドの内乱において、血族同志の権力争いが熾烈化し、族制という分派から国家形態という総合化への闘争がはじまる時期において、ヴィシュヌ神の化身は、戦いの義務としてあらゆる道徳感情をかみ切って、とにかくいろいろくよくよ考えるよりも行うことをすすめる。そして王子アルジュナを血族との戦闘に追いやる。このようにして分派を許さず、何が何でも総合へと向かわせるこの精神は、また遍在化の精神であり、正しい自然の理である、と説くのである。

ヴィシュヌ神の化身であるクリシュナは、いたずらっ子の力をもち、牧人の魅力をもって、牧女たちと戯れて彼女らを誘惑するロマンチックな男であり、戦いに臨んでは百王子軍の名将たちを次々に倒す秘策の持主でもある。そしてこのクリシュナは、死んでは天に昇り燦然とした光を放つのである。民衆の想像力をこの上なく高め、民衆の心に根ざした神話的動物の権化でもあるヴィシュヌは、クリシュナ神話の他にも種々の姿の神話をつくる。

さらに、ヴィシュヌ神と並ぶシヴァ神は、豊饒多産の神としてリンガ（男性の性器）として崇拝もされているが、あらゆる生あるものの再生をもつかさどる生と死の神である。これらの民間信仰と、ヴェーダ、ウパニシャッド、サーンキア、ヨーガなどの教説とを内包した形で、インドの宗教、すなわちヒンズー教が最も根強く伸びてくる。これがインドの宗教の特質なのである。もともと、そこにはインドという五穀豊饒の土地に住む異人種の混淆からくる多元的な要素が互いにひしめき合っている。宗教の宝庫は、そのあまりにも強い異質性のゆえに、アーリア人的なものは、非アーリア人的な土着のものを征服しきれなかった。かえってアーリア人的なものが呪術の上でも土着化したところに、ギリシアで生まれた明るいすっきりした理性の王国をつくりあげえなかったわけがある。

文化統一の地平もヘレニズム、ローマ、ヨーロッパという具合にすすまなかった。統一の時期はきわめて短く、分裂のときがあまりにも長かった。トーテム宗教や大地の呪術宗教や天空の家父長的宗教や、さらには北からのシャーマニズム宗教などの多彩な宗教形態が、豊饒の宗教形態として、それぞれに新しい生命を吹きこんだ。そのつど形骸化していく先行宗教は、聖典化されながらも、宗教的輪廻の様相をもって、暗さと明るさの織りなす一大極彩色の地獄・天国図をつくり出した。そしてそれらをインドの自然にひそむ神秘性で表現するところに、この国特有の宗教とその社会の形態があったのだといえるであろう。

やがて、分裂時代のインドに強力な異宗教のイスラム教勢力が侵入をはじめる。しかしイスラム教はインド宗教にとって代わるものでは決してなかった。もともと宗教・哲学思想の上でインドはずっとイスラムにすぐれていたから、民族は一時征服されても文化は征服されるわけではなかった。またさらにつづいたインドの封建体制は、多少の変化はあったが、だんだんその内包するエネルギーを失い、頽廃化していった。だからのちの近世ヨーロッパ人たちの植民地化にもきわめてもろく屈服した。しかし何といっても、インドの生命である神秘的宗教は、決して他国のものによって取って代られることはなかった。バラモン教時代につくられたものが、そのときどきに化身していくのであった。

ところでインドの宗教の神秘性と並んで、豊かな仏教文化をつくったインド商業民族の性格を、ここで少し触れておかねばならないと思う。豊富な物質にめぐまれていたインド社会での彼らの商才が、商業計算という実際の必要から数学を発達させた。ゼロの発見のごときはインドの幅広い社会組織形態を念頭にいれずしては考えることはできないと思う。さきに商業民族としてのフェニキア人たちが、その商業の知恵からあの簡略なアルファベット文字を発見したように、さらに商業で生きていかねばならなかったギリシア人たちが中小の学問として幾何学を発達させたように、インドの数学もその知恵が商業と深く関係していることを見逃すわけにはいかない。

物々交換、商取引、両替、金・銀の純粋度の計算等々、社会の必要から、社会全体の長い間の知恵が結集され、それがたまたまある非凡な人びとの知恵を刺激して生まれ出たのが、ゼロの考え方であった、と思う。シューヌヤ（無）と呼ばれたゼロはもと一つの点をあらわすものだったが、のち小さな円になって数々の重要な要素となった。すべての複雑きわまりないものを、ゼロを含む十個の簡単な記号であらわすことができるということは、古代ギリシアのあれだけの天才をもってしてもついに生み出せなかった。アルキメデスの天才もかなわなかった。ギリシアにはそれだけの社会全体の創造エネルギーの背景が乏しかったといえるかもしれない。

インド社会では、前二〇〇年から五〇〇〇年間にわたって商業社会が隆盛をきわめた。前四世紀末に出現したマウリア朝は、単独でインドの広大な地域を支配したことから、統一行政府をつくり、大いに道路を建設した。商人たちの交易がとみに盛んになった。その後、前一八〇年にマウリア朝自体は崩壊するが、そのあと種々のあまり強力でない王朝の変動を通して、商人階級がだんだん勢力を得たのである。

中央アジアへの交易は、中国との貿易を可能にした。富んだ国ローマへの香料の大量輸出などを通して、東も西も南もインドからのまたインドへの商路が開発された。さきにみたように、仏教が一時盛んになったのも、こうした裕福な商人たちの支持によるものであった。ところでローマの香料取引がいかに盛んであったかは、ローマに攻め入ったゴート人のアラリックが、三〇〇〇ポンドの胡椒をこの都から持ち去ったという報告からもうなづけることである。こういった盛んな商取引が、計算の簡素化の知恵を促したことは事実であろう。

しかし大抵の学問が、現実的な知恵の創造活動から数百年以上遅れて総合的に完成していることを考えれば、インドにおいても、紀元五〇〇年以降は商業社会のいわば衰退期にあたっていたといえるであろう。このころから代数学の体系化は特にめざましかったようで、平方根、立方根、サインの表、円周率算定、一次二次の未知数（文字を未知数とする）の解放、ゼロに関する諸法則（a×0＝0, a／0＝∞など）とか、負数の概念などが次々に体系化された。こうした知恵は、すでに紀元前から徐々に芽生え、ひろく深く浸透・成長していったものにちがいない。例えば、さきにあげたゼロ（0）の概念は、すでに前数百年前の聖典の中にもみられるのである。仏教でいう無、涅槃の境地という非常に否定的・消極的なものは、無限大というようなすべての数をのみこむように能動性・無限性への転機への機縁をもっていると考えられる。このような機縁は、またきわめて哲学的な思考として、インドの知恵の沃野をうるおしてきたものであった。ここではその細かい考察は割愛しなければならないが、合理的思考と幽玄神秘な思考とは、ともに刺激を与え合いながらインドの学問を発達させたことを注目しておきたいと思う。

ところでさらに、インドにはギリシア・ローマ世界にあったような奴隷制がなかった。カースト制はあったが、奴隷制の場合のように、手の技術蔑視から技術の著しい沈滞化を招くことがあまりなかった。各カーストの中では、専門専門に分れて、比較的自由に技芸の進歩・改良がみられるゆとりがあった。こうしてインド全体の商業社会の中で交互にうまく混合・醸成しあい、紀元のはじめからの社会興隆時には、化学・冶金、さらに医学・天文学・機械造船術などが長足の進歩を遂げた。解剖・生理学の発達から血液循環も、ギリシア・ローマより相当詳しく研究されて、現代の理論に近づいていたことが知られている。

インドの学問は無限の進歩は遂げなかった。土着民たちとインド・アーリアンとの混成から醸成された創造活動が衰退期を迎え、体系化・組織化の学問過程をへたのちは、エネルギーのこれ以上の燃焼はつづかなかった。長い沈滞期と外国勢による侵略・植民地化がつづいた。しかしインドで醸成されたすばらしいエキスは、アラビア商人によって媒介された。大いに侵蝕もされたが、アラビアの沃土で培われて成長したものが、多くは新しく創造をはじめたヨーロッパ世界を富ませた。こうしたサイクルを考えるとき、一国だけの一地域だけの長い興隆が、いかに難しいかを痛感させられるのである。

かつてのギリシア、ローマ、インド、中国、イスラム、現代のヨーロッパ、アメリカの光芒衰退のあとを考えてみるとき、人間の知恵の在り方を再考してみる必要に迫られるのである。しかしインドはまだまだ決して死んではいない。偉大な過去の文化がいつまた新しい創造をはじめるかわからない。インドの生んだゼロの秘密の知恵は、無限の貧しさと無限の富を、その民衆の宗教・哲学・科学の生命を通して今後活々と示してくれるかもしれない。例えばインドにおける民族宗教の個別・特有性と、その仏教に示された世界普遍化の性格が、やはりインドにおいて生きつづけなければならないであろう。インドは、真に貧しい知恵に目覚めた仏陀の豊かな知恵をやはり深く考えていかなければならないであろう。

## 第二節　中国文明社会

古代文明の四大発祥地といわれるものの中で、黄河流域に栄えた中国文明社会が、現代においては他の三つをはるかに圧倒して、その爆発的な人口膨張といい、旺盛な民族意識の高揚と現代・未来世界への思想革命爆発エネルギーの噴出といい、きわめて恐るべき力として再燃焼していることは、われわれの驚異である。エジプト、メソポタミアの古代文明が遺物化し化石化している中で、インド文明と中国文明は、現代・未来の世界文明への大きな役割を今なお立派に果たす可能性を秘めている。

が、現在においてみるかぎり、そのエネルギーは中国がインドをもはるかに凌駕していることは誰も疑いえない。しかしそれは、中国が過去の文化をきわめてきびしく自己反省し文化大革命を遂行するという過程をへてのみ、新しい創造エネルギーとなっていることで、中国の過去をみるとき、そこには幾多の問題点が指摘されるのである。ここであつかう中国は現代の中国ではない。しかし現代に全然関係がないわけではなく、大いに関係のある中国文明の過去の体質を考えてみようとしているのである。

インド文明が、例えば仏教という世界宗教化されたものをもって、人間の思想形態を深く広く世界化したようなものが、過去の中国に果たしてあったのか、またこれからあるのかどうかをみるとき、やはりそこには大きな問題点があるように思われる。水が自ずから低きにつくように、文化も高いところから低いところに移っていくのは自然の勢いである。インドと中国を隔てる世界の最大峻険ヒマラヤ山系その他荒漠たる砂漠などの地理的隔壁、交流の至難条件がいろいろ介在したにもかかわらず、インド文明は特に仏教文化の形をとって中国に移っていった。もちろん東漸《とうぜん》していく仏教文化には、その円熟過程において、ガンダーラというギリシア文化要因の濃い地方での仏教形成があった。ここでも立派なものの結晶には、よき混淆が必要であったことは論をまたない。

が、それはともかく、インドは中国に文化的影響を与えたのに、中国はインドにあまり影響を与えなかった。中国が特に中国のものとして思想の上で影響を与えたのは、その儒教思想によって日本に対してであった。しかもそれは、日本という文化水準のきわめて低い、とはいえ受容能力の高い地域に対してであった。しかしその中国が、日本の精神的思想的内面生活にどれほどの深い影響を与えたかどうか、ということになると、これは大きな疑問点があるように思われるのである。キリスト教がローマ人やゲルマン人に与えたような深い影響はもちろんありえなかったし、仏教思想が（たとえ中国化されていたとはいえ）日本人に与えた内面生活への影響が、果たして儒教にあったかどうか。キリスト教にせよ、仏教にせよ、世界宗教というものは、その内面の影響において、それぞれ普遍的なある浸透力をもっていた。

しかし古代中国の思想は、果たして、その世界的な普遍性をもっていたかどうか、ということに問題があると思う。中国は、むしろその技術を通して、例えばよくいわれる紙・火薬・羅針盤などのアラビア世界および中世末近世ヨーロッパへの影響とか、中国の絹織物の古代ローマ世界への浸透のように、やはり技術的なものを通しての影響が多かったように思われる。日本への影響が、例えば漢字にしても、多くはやはり技術的なものであった、と思う。こういえば、いろいろ異論もおきてくるかもしれない。しかしここでは、中国の過去のものに、深い思想性があったのかどうかを、きわめてきびしく吟味しているのである。中国思想には、人間そのものの探究において、深いヒューマニズムとか人格性とか神格性が求められたかどうかに深い疑問がある、というのである。またこれと関連して、普遍的な科学性の欠如もあげなければならない、と思う。

中国文明というものは、かなりの昔のいろいろの要素の混淆がやはり刺激になって立派にでき上がったものが、その後優秀な異質なものとの接触・混合・試練もない環境のまま、自然から守られて時を過ごした。そしてそれはだんだん内で固定化・均質化・規範化され、時として伸び上がってくる新しい思想も、圧倒的な伝統の力に押し殺されて、ついに近世・現代までの退化・退嬰・非前進的虚弱な体質をもつに至った、と考えられはしないだろうか。だからこの民族にきわめて優秀な面があったにもかかわらず、ヨーロッパ勢力、またはその後塵を拝した日本にまで愚弄され屈辱を受けなければならなかった、と思う。しかしこの屈辱のきびしい試練を受けたことや、また唯我独尊の中華思想を捨てて、ヨーロッパ科学およびマルクス・エンゲルスやレーニン共産革命の洗礼を受けつけることによってやっと躍進の時期を迎えたといえよう。

今後中国でどのように思想革命が浸透し、それが世界の知恵に寄与するかに大きな期待がもたれているが、易姓革命の国・中国にまったく新しい人間革命がおこらぬかぎりそれは無理であろう。しかしきわめて現実的であったがゆえに、過去の思想に深まりがなかった代わりに、かえってまたこの中国のたくましい現実性のゆえに、人類が現在直面している新しい人間革命（全人間の平和平等的な協同社会創造）の知恵に大きく寄与する可能性はある。その巨大な人口とエネルギーを考えれば十分期待がもてるのではないか、と思う。あとにもみられるように中国人は全体としてきわめて楽天的である。こういう性格が、裏に出ず表に出たとき、未来のあの全人間革命への大いなる起爆が、中国のリードにおいておこることは十分に考えられるのである。

ここ中世篇で考察する中国・インドは、さきにものべたように、人間の知恵の歴史の中で十分文明社会といえる形態と特質をもっているからとり上げることにしたのである。人間の多彩な知恵の形式に彼らが大きく寄与するものがあった、と考えたからである。しかしきわめて厳密にいうなら、中国には、インド・ヨーロッパ世界におこったような深い普遍の宗教も哲学も科学も、ついぞこれまで生まれなかったところに特質があった、といわねばならず、これは不思議といえば不思議と考えられるであろう。

しかしそれなら、文明社会としての中国には何があったのか。これからそれを少し考察してみようと思う。すでに前二〇〇〇年から一五〇〇年にかけて、ギリシア地域においても、またインド西北部においても、きわめて異質のアーリア人の侵入があって、ここに先住土着民族との間に、血なまぐさい戦いと混乱とその後豊かな混淆・発酵がおこったことはすでにのべた。しかし中国にはそれほどの激しいものはおこらなかったのである。

もし中国にもこのように騎馬遊牧の優秀種族のアーリア人が侵入していたらどうなっていたか。こういう推測はたしかに興味がありはする。中国に異質なものの侵入がなかったといったが、しかしたしかに中国北辺の領域には、いろいろの部族が勇ましく剣戟《けんげき》とひづめの音を鳴り響かせて相互に争いあっていたことは事実であるが、何といっても蒙古人種はその文化創造力もひくく、あまり問題にならなかった。

ところで、一九二九年スウェーデンの地質学者・アンダーソンは北京西南の周口店丘上の洞窟を発掘した。これを起点として明るみに出された化石を通して、原人たちが、すでに五〇万年ほど前からこの中国大陸に住みついていたことが明らかにされた。中国大陸という非常に大きな沃野は、人間の棲息地として、その後もますます最適地となっていった。

現生人類の化石も次々と発掘されていったが、旧石器時代の末に、第四次氷河期になっての気候の変化、春のきわめて強い冷たい西北の風の影響を受けた蒙古奥地ゴビの砂漠から吹き上げた黄色い砂塵によるうずたかい堆積と、氷河期の後退と、それにつづく黄河の黄土の平原と沃野に水害を避けながら居住を構える人間どもの群、またこの群落が、それぞれの生活条件を整えながら、いつしか点々と各地域に部族国家群をつくっていった様がうかがえるのである。

地質学者の発掘による彩色土器は、すでに前二五〇〇年にさかのぼるヤンシャオ（河南省）文化のものと考えられる。いわゆるヤンシャオ人たちは、すでに鋤を使って原始的農耕生活を営んでおり、農耕用具としての石器も数多く発掘された。主要作物は粟《あわ》であり、家畜は豚・狩猟・漁猟もすでに行われていた。彩色土器の使用に関しては前三〇〇〇年代に西南アジアで、さらに数百年後には南ロシアにも広がっており、これらとの関連で中国の彩色土器文化を考える向きもあろうが、ヤンシャオ土器と以上の土器の文様はかなりちがうことは事実で、さらにヤンシャオ文化圏外のロンシャン（山東省）からの黒色土器文化は、これから少し遅れて発生したといわれるものである。農業技術、牧畜、その他の技術も一段と進んでいて、経済生活の向上とともに、地方差もだんだん著しいちがいを見せ、経済的不平等から社会的不平等へと、富の集中はまた政治権力の集中化をきたした。このようにして、部族はさらに大きな統一国家形成への傾斜を強めていった。

考古学は、さらに揚子江流域に水稲耕作の文化圏を数ヶ所見つけているが、これらの圏を一まとめにして大漢民族国家をつくるのはさらに遅れたとはいえ、モンゴロイド種の中の漢民族の優秀な各部族は、その旺盛な繁殖力とエネルギーをもって、中国大陸を支配しつつあった。中でも北方地域において強力な周辺異部族との抗争の中で練磨された漢民族たちが、まずは最初の中国史に名のり出る誇りと栄誉だけを担うのである。

夏・殷・周の名をもってほの白く明け染める中国歴史の曙は、多分に夏の禹王にみられるように伝説めいているし、さらにその上古の三皇五帝に至ってはなおさらである。しかしこれらの伝承はとにかくにして、他の国々の創造神話とちがって、中国文化の神話が、聖賢君主の「政治」をもってはじまっているところに、中国社会の著しい特質を見たい、と思う。三皇五帝、さらには夏王の禹に至るまで、すべてその竜身・蛇身などの土地の精霊的存在として、素朴な民間信仰の要素を色濃くもってはいるが、彼らは、地上におりてきて洪水を治め、農耕技術など人間の生活技術を教え、土地人民を太平に治めたものとして、先祖崇拝の主《ぬし》たちとあがめられている神霊たちである。

こういうところに中国社会の古代から現代まで一貫している政治思想と、それを中心に動く文化国家の特質を見るのである。すべてがこの政治をめぐってまわり、幾世代の変転する王朝史をつくりあげるのである。神話伝説上の賢帝たちは中国政治思想を集大成したはるか後代の孔子（BC. 552-479）によって、その奇怪な要素を払拭されて、徳望高い聖人君子の理想像に結晶させられた。そしてここに結集された中国の理想政治を行う聖賢君主のヴィジョンが、その後一貫して中国を支配つづけるのである。

　中国を支配する君主は、すべて天の子として天の命を受けて国土を安泰に保つ役目をもつ。もしこれができず、農耕がふるわず、不作などの天変地災がつづけば、天子がよくないからそうなので、すなわち天の意志に反した行いをしているからである。このときは当然、方々に燎原の火のごとく暴動がおこったり、争いがおこって、その暴君は制裁されて新しい天子が君主の位につくのである。こういう革命思想が根底の精神としてあるように思われる。これはしかし、前にもいったように真の思想革命ではない。賢者から賢者へとただ帝位が相続される禅譲の道（日本におけるような、同じ家系の中で子々孫々へと帝位が相続されるのではない方法）は、政権の理想的相続法として、儒教（孔子の説いた聖人君子の道）が説いたものであるが、中国の中心思想ともいうべき儒教が説いた中核的教えであったにもかかわらず、それは過去の神話の世界にのみおこりえたのであって、

**孔子**　春秋時代の思想家。その教えは儒教の根幹となって後世に大きな影響を与えた。

現実にはまことに血なまぐさい政争の渦中において、王朝が興亡の歴史をくり返したのである。

理想の国家像は古代ギリシアにおいてはプラトンに見られたが、彼にあっては、その深い哲人政治人間像において、精神に深い哲学があり、宗教があったが、儒教では人間そのもののとらえ方が多分に形式的であり、非哲学的・非科学的・非宗教的であるように思われるのである。人間の掘り下げ方が論理を欠き、宗教を欠くところに、内面化への徹底がなされず、一定の形式の上に判断が中止して、いたずらに堂々巡りの教説と空疎な実践がくり返されるきらいがあった。

それはともかくとして、中国においては実際に黄河流域やさきのヤンシャオ、ロンシャン文明の両石器時代の後に、青銅器使用の殷王朝が名のりをあげ、この部族王朝になって、中国ははっきりと甲骨文字という立派な文字をもつようになった。そして農業を主軸に、牧畜を副軸にした高度な中央行政国家をつくりあげていったのである。この国家は世代で三〇代、年代は前十六世紀から五〇〇年つづいたといわれる。次々と発掘され、明るみに出された殷都城の墟《あと》からは、世界史上その比を見ないほどの大量殉葬のあとが見られる強大な墓があらわれた。

ここに天の子としての帝王に捧げられる多数の人身供養は、帝権の偉大さをそのまま如実に実証するものである。同時に、この一種の奴隷社会・武力社会の農業国家に君臨する絶対王朝の苛酷な現実は、決して聖人君子による帝王国家などとうたいあげるわけにはゆかないものだったことも事実である。事実、殷王朝は明らかに呪術信仰の上に立つ初期文明期の呪術師専制政治形態であったようで、王がその神権政治の呪術師長として多くの巫師を使い、甲骨などのヒビ割れの形によって、いろいろの大事な行事を占った。また先祖の霊を祭ることを第一義に、天神の化神として先祖代々君臨した。ところが、末代の紂王のとき、贅沢な宮殿や離宮を建て、酒池肉林の中に栄華の生活を送ったために、また人民からは重税を取り立てたために、西方からおこった素朴な農業部族の周民族にあえなく滅ぼされてしまった。人民はかえって周の治世を喜び迎え、ここに名実ともに革命がおこったのである（前十一世紀中葉）。この質実な農業民族は、いわゆる殷のような中原の主ではなく、西北にかたよったいわば辺境の陝西《せんせい》省で成長した。しかしこの地域は、すでに渭水をもち、水利にも恵まれ、農業もおこり、そのうえ、北方からの遊牧民の南下と混淆などによる試練を受けて、彼らは知的にも、精神的にも、肉体的にも訓練されていた。しかし何より、彼らは秩序を重んじた。天への信仰は、北方の影響もあってかなり強い一神教の性格をもち、その天命的政治思想は殷のときよりもさらに一貫していたし、革命思想も、自ら殷にとって代わることによって、より一段と正当化された。

周朝になって、中国の政治形態は、さらに秩序正しく組織立てられ、ここにいわゆる中国の封建制度がおこった。征服された諸地方には、周の一族が送りこまれた。『荀子』によると、その諸侯の数は七一にのぼり、そのうち周の一族は五二であったという。封建という言葉のおこりは、このとき、周の成王が封土を削り取って与えたということにはじまる、という。古代の国というのは都城《まち》のことであり、四角（□）に城郭で囲んだから国といった。国の真中には社《やしろ》があり、天帝や祖先が祭られる。この社には土が盛られ、壇が設けられ、階梯《きざはし》が何段あるかで国の勢威がわかったといわれる。そしてこの土盛りをした祭壇のことを封土といい、封建とはこの封土をたてて国をつくることを意味したといわれる。

周は、はじめ殷の西北地域統治を任された一部族であった。その文化についていうと、一つの農耕技術をとってみても、農具は石器骨器といわれるし、ごく素朴なものであったことが知られる。文王のときから、殷の悪政に乗じてだんだん東進をはじめ、中原に駒を進めた。そして文王病歿の後、武王のとき、殷を滅ぼした。その後成王・康王と周王朝（西周）はつづくが、王権は目覚ましく伸び、その版図は中原から揚子江の中・下流域にまで伸びたという。

**荀子**　紀元前4世紀の末に生まれた戦国時代の思想家。性悪説で知られる。『荀子』は荀子およびその後代の関連テキストを唐の時代に校訂したもの。「青は藍より出でて藍より青し」の成語で有名。

周は音楽の好きな部族であった。また狩猟民族に追われた長い放浪の旅路で、渭水の平野に落ち着いたが、その間、部族の団結を強め、勤労の精神が強くなった。自ら成王の摂政となって、実質の周封建制度のもとをつくったといわれる周公は、政治の精神を「礼」と「楽」におき、殷の強圧専制の陰惨・過酷な呪術政治に代わる礼楽政治をおこした。殷の宗廟の制など、重要なものはそのまま取り入れたが、卜占の代わりに楽をおこし、荘重にして国家理想をたたえる儀式を重んじた。音楽が国家統治の手段となり、同時に国家理想が美しい言葉でつづられ、これが『詩経』という本に収録された。

後世、周の世が衰え乱れはじめたとき、孔子は古の周の政治をたたえ、詩経などをもとにすぐれた模範的政治哲学と考えたのも、当然のことと思われる。周公の思想は『書経』によって、さらにはっきりとうかがえるが、ここに殷時代との相異が歴然とあらわれている。殷の時代には、社稷《しゃしょく》の神は災の神であり、いわば絶対の暴君的要素もあったのだから、これに祈るというよりも、もっぱら従順に従うことが最重要とされた。しかし、このような専制の神は、鬼神として敬して遠ざけられ、かわって天命は、君主の行為とか修行・徳行によって変わることができる、という思想が定着するようになった。

殷時代の運命決定論的なものの考え方が、周部族の「善き意志をもってやれば、天命も必ず嘉《よみ》する」という人間中心の政治思想にかわったということが特に重要である。しかもこれが孔子という儒教思想の教祖的存在によって、五〇〇年後にすぐれた形に集大成され、組織づけられた。さらに、中国という巨大な単一平原を治めるには、周の封建制度では十分でなく、幾度かのきわめて過酷な試練（春秋戦国の世）をへて、やっと再び、秦王朝の絶対中央集権によって一時統治が保たれた点を考慮しなければならない。しかしやはり強権だけではいかず、これに加えるに、周の政治のエキスとなった政治思想教、すなわち孔子の説いた儒教思想を大いに用いてこそ、国家を最もよく統治することができるのだ、と悟ったのが、漢代の大中国の版図を成し遂げた武王の時代であった。左し右して大きく揺れた中国の政治理念も、このようにして、数多くの経験を積んだ末に、最も安定した周時代の初期全盛時代の思想が、中国政治の根幹となるに至ったのである。

周という国の政治理念をもって、すなわち儒教道徳によって中央集権国家体制を統治してゆくことが最も好都合である、と鋭い政治感覚でとらえ、定着させたのが、前一三〇年の武王の官僚体制といえるだろう。そして不思議なことに、その後、幾変遷の王朝史はあったが、引きつづいて変わらず、これがきわめて強く根づいたところに、中国的文化社会の特質が見られるのである。

孔子の教えは漢に入って国学となり、官吏登用試験の重要な科目となって以来、二〇〇〇年間、ほとんど変わることなく最も重要な学問として守りつづけられた。幼児がはじめて文字に接し、読み書きを習うのも『論語』であり、教科書として使われるのは『大学』、『中庸』といった孔子の言行録である。孔子の学説が二〇〇〇年来中国を支配したといわれるのも、決して言い過ぎではない。それでは、儒教といわれるのは何であるか。漢のときに孔子の教えが国学とされ、他の老荘・法家・墨家などの学問が異端とされたとき、孔子を宗廟に祭り、学問上の聖人にするということが行われたのである。

けれどもこれは決して宗教ではなかった。だが孔子の語録や弟子たちの著作は、キリスト教における『バイブル』のような絶対的権威をもつ道徳的指導方針とされたことは、事実である。漢が滅びて後、魏・晋にはじまる王朝交代の時期に入り、中国は南と北に分れて、小国乱立の時代に入る、すなわち、南北朝の時代である。北は北方の胡族や蒙古族の侵入がたえず、そうした部族の国家が建設された。魏という国はそういう国である。そのときは仏教の伝来のときであった。国王、貴族は仏教を国教として布教に努めた。その場合でも文教政策の根幹は漢の時代のそれを踏襲した。

したがって孔子の教え（儒教）は、決して滅びなかった。仏教は貴族社会のものであり、一般民衆に対しては表向きは儒学である。官吏になる試験は儒学であり、国家統治の施策はすべて四書五経の語句が冠された。もっとも、それがずいぶん形式的なもので、儒教倫理などというものは、実質的に影が薄くなった、ということもいわれる。それは生活の内容が儒学的ではなくなって、生活と政治が分離したからである。しかし政治の体制がまったく変わったということはないのである。家族主義的構成をもった中央集権の体制（君主制）である。漢以後この政治体制は決して変わることなく清朝までつづいた。その政治哲学は『大学』であり、『中庸』であった。官吏の基本的教養が「詩」や「楽」であったことも変わらない。

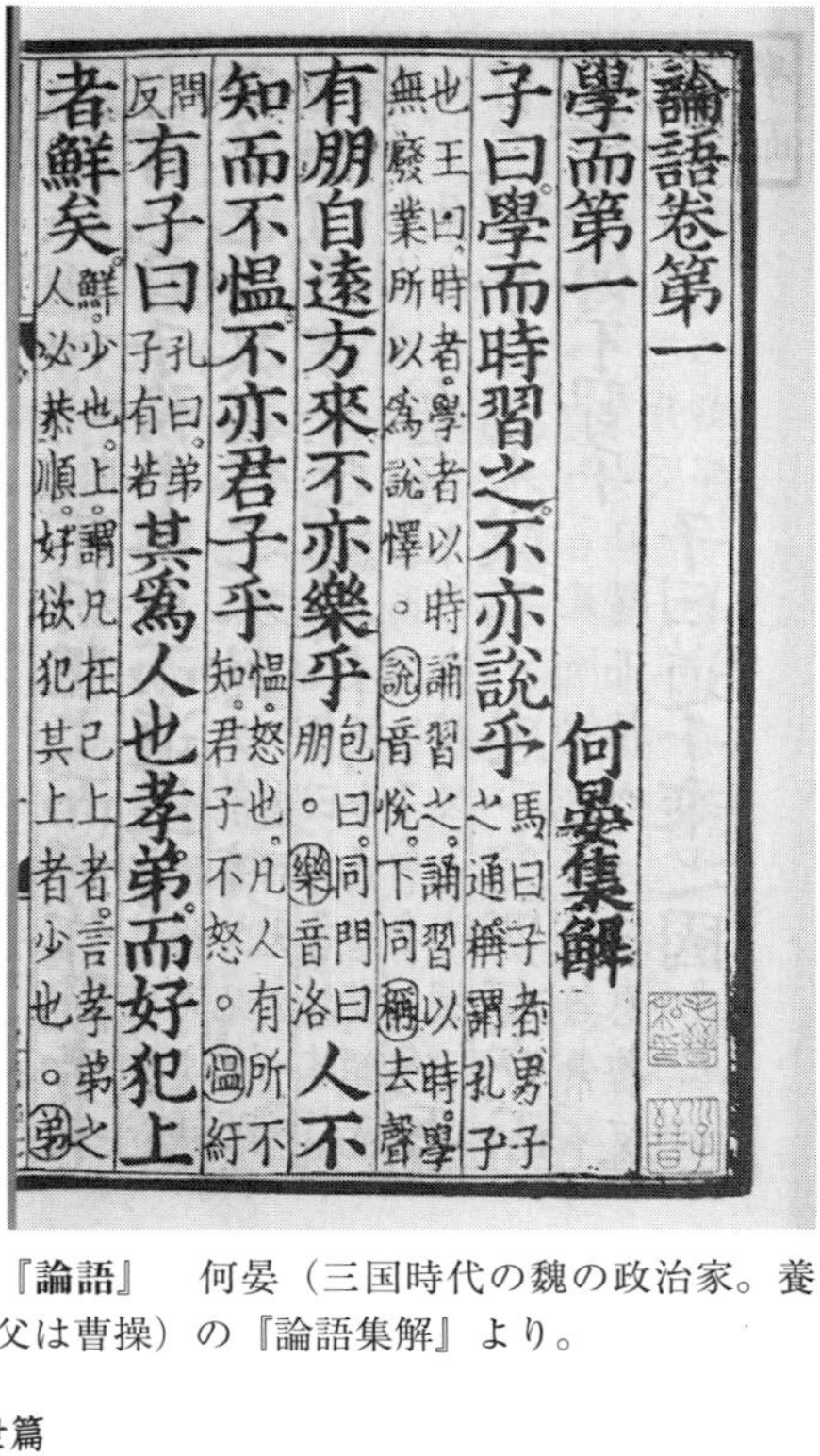
論語卷第一
學而第一　何晏集解
子曰學而時習之不亦說乎 馬曰子者男子之通稱謂孔子也王曰時者學者以時誦習之誦習以時學無廢業所以爲說懌。說音悅下同稱去聲
有朋自遠方來不亦樂乎 包曰同門曰朋。樂音洛
人不知而不慍不亦君子乎 慍怒也凡人有所不知君子不怒。慍紆問反
有子曰其爲人也孝弟而好犯上者鮮矣 孔曰弟子有若 鮮少也上謂凡在己上者言孝弟之人必恭順好欲犯其上者少也。弟

**『論語』**　何晏（三国時代の魏の政治家。養父は曹操）の『論語集解』より。

ただ仏教や老荘の思想が実際の個人の生活の中に多量に入ってきたことは事実である。それが魏・晋のころからの風潮であった。

ところで話は前にもどるが、周の勢力の衰微とともに、また鉄器時代の到来とともに、古代ギリシアにおいてそうであったように、諸侯同志の覇者争いが、春秋戦国時代の下剋上の風潮をつくっていった。諸子百家入り乱れて、いろんな政治説を立てる者が出た。また製鉄農具の使用によって農耕も進み、未開墾地域の開発が進み、製鉄業の発展が一種の産業革命をもたらし、商工業の進展は成金者を生んだ。また貨幣経済が自然経済にとって代わり、理財のある士たちが新たな勢力をもち、流通機構の進展とともに統一国家形態への可能性もさらに一層容易になる状況が生まれていた。合理的で、また人間の能力を中心にその無限の可能性を楽天的に歌いあげる人道主義が唱道され、これまでの貴族中心の教養に、新興の士階級の若々しいエネルギーが新勢力として登場した。「詩、書、易、礼」などの周公にさかのぼる礼の文化（いわゆる五経典『詩経』、『書経』、『易経』、『春秋』、『礼記』に示されるもの）が教育の根幹として奨励され、これが諸子百家の説を押さえて中国思想界に定着していったのである。これには孔子という聖人を生んだことが、この儒教思想界のエリート化には欠かせぬ要件でもあった。

神秘主義を排して人間主義に徹し、孟子（BC. 390-305）に至って、その人間の性善説を楽天的に歌いあげた弁論術は、中国人のいろとりどりの弁論の中にあって、現世主義の楽天的人間観の要素を多分に含むものである。それらは、その当時は直接に大きくとりあげられなかったけれども、この教説、すなわち儒教は積極的エネルギーに富み、しかも現実と理想の綾なす活力的教説は、その美辞と周代の平和な礼楽政治経典といい、仁とか義とかの美辞あふれる人間教導のラッパ吹きの威勢よさと相まって栄えることになった。しかも、このような知的エネルギーをもって政治につかえようとする知識階級の現実主義は、よくそれ以後の官僚体制の中に、地盤を築く要素を内包していた。たしかに戦国を統一する際には、かえって邪魔になった儒教も、その知識的ヴァイタリティは、いったん中央集権国家ができてしまうと、さすがの秦にも、儒家の必要性は、いやが上にも増すという具合だったのである。このようにして、儒家は一時危難にあうけれども、結局その三皇五帝時代以来の政治中心・人間中心の思想は、天下を平定しえたのである。天子にとっては、この上なく好都合な教説であり、また治められる方も天子の仁徳によって天下が太平であれば、それにこしたことはないというわけであった。

しかし前にもふれたように、凶作等の天変地異がおこったり、重税に悩まされたりして、その不満のエネルギーがつのると、それまでなりを静めていた革命思想が澎湃としておこり、暴動に次ぐ暴動は新勢力の台頭をうながし、王朝は交代するのであり、一介の農夫も君子となることができるのである。し

**『孟子』**　儒教では孔子に次いで重視された。性善説で知られる。

かし、漢代に定着した儒教政治や儒者という現実的ヴァイタリティに富んだ知識階級の官吏登用制度は、すぐに固定化し、一応下々の者もその能力いかんで自由に上層にあがれる制度であり、階級の別もその点ではない自由な体制であったけれども、官吏になるには膨大な量の過去の四書五経や図書など詩文的知識を身につけなければならなかった。将来への理想追求をしっかりした理性や理論でもって人間の普遍的性格探究へと向けず、どこまでも先祖崇拝・過去崇拝という固定した枠の中で、いたずらに、たらい回しをおこすだけであった。

何はともあれ、思想そのものの進展がなかった。もっとも隋・唐時代と王朝が進み、宋・元・明とへるうちにあるいは治水運河事業の発展やその他の物質文化は栄えるが、中国政治理念、また人間性の深く広い探究は、一向に進まなかった。さきにもいったように、普遍的論理性の欠如は、世界宗教をも、科学をも、ヒューマニスティックな哲学をも生み出さなかった。陰陽二元論や五行説などにあるにはあったが、これらから、ヨーロッパ的な「もの」の観念は出てこず、ただ「気」とか「性質」とかの非科学的・形而上的用語の連想がたらい回しをするだけのきらいが大いにあったのである。

例えば五経とか四書とかの最高権威の五にしても、四にしても、五という数に当てはめて、木・火・土・金・水という自然界のものを配し、それですべての自然の組織を考えようとする発想法が、すでに形而上学的で、自然そのものに則してはいなかったのである。もっとわかりやすい例を引くなら、東西南北というのは、自然そのものを人間が便宜的に秩序づけるのに設けたもので、自然そのものに則した特性ではないのに、その四をもって、さらには春・夏・秋・冬というように季節分けすることを、自然そのものへ反映させてしまうのである。はては「仁・義・礼・智」の四つも、このやり方で連想的に片づけてしまう。こういうことが、中国随一の知者たちの間で、ごく自然に行われているが、これはまさに、非科学的・形而上的であって、「もの」そのものの観察や真の科学的発想に欠けるところ大なるものがある、といわねばならない。

## 第三節　インド、中国の宗教思想とキリスト教

きわめて偉大な思想は、それぞれの時代の激動期に醸成されたものが多いように思う。これまでの社会秩序・統制などが崩壊の危機にさらされ、長い混迷ののち、やっと時代が何か活々とした新しい生命を求めて鳴動しはじめたときに、生まれているように思う。インドでは、バラモン教中心の祭儀政治にひびが入り、これが技巧・外面・功利の目的に奉仕するようになり、その内的なエネルギーの生命力を失いかけたときである。ウパニシャッドにみられるような内面の統一を求める神秘思想が鳴動し、それに連鎖反応するように、古代からつたわってきた道徳が破壊の危機にさらされ、社会や政治の混乱は一般の不安を増大させるとともに、種々の思想がひしめいた後にである。サンジャヤは全面的懐疑論を説き、種々の唯物論がおこった。

こんな大いなる混乱の時代にあったからこそ仏教は、ねりにねられ、鍛え抜かれて生まれた。前七～

八世紀には、社会の大混乱とともに、種々さまざまなこれまでの閉じられた階級の人びとが家族を捨て、生まれ故郷を捨てて、放浪と苦行の生活に入ったことが認められている。ここには、しかし、豊かな混淆の海が用意されていたのである。そしてここから最もきびしい火で錬成されたものとして生じたブッタの思想は、これまでのバラモン階級的統制を否定し、絶対のワク組みともいうべきカースト制度をまったく否定する方向へ向かった。この世の一切の権力には関心を示さず、ただ一切空無という悟りの明澄のうちに、かぎりない慈悲の深い遍在（人間はすべて平等であるという知恵）が、ゴータマ・ブッダの人格を通して輝き出したのである。それこそが、後世の世界宗教としての教祖たらしめるものであったのであろう。

仏教は、その世界宗教の性格のゆえに、民族性の強いインド自体においては、結局栄えなかった。これは、その濃厚な民族宗教としてのあくを強くもつインド教（ヒンズー教）に結局は牛耳られてしまうけれども、仏教自体はかえってその世界性ゆえに、チベットに、中国に、日本に、セイロン、その他東南アジアに広まり、混乱の人間の魂を救ってきた。もっとも原始仏教そのものの姿は、多様な光の中に織りこまれて変化はしたが、これは、キリスト教の場合にもいえることである。

インドの仏教が、社会の激動期・混成期・転換期にその源流をつくったように、キリスト教もそのような激動期にその源流を探ることができる。ユダヤ宗教を否定するヘレニズム文化のはげしい流れと今をときめく不敗・傲慢の残酷なローマ軍団の圧制・重圧のきしめく中にあって、この混淆の興奮・闘争のるつぼの中で、はじめてこれは、この苦闘の中から鍛えだされた精神であった。それはやはりイエス・

キリストの誰の心の奥深くにも訴える貧しい心による愛の教説であった。

当時は、ヘレニズムやローマといういよいよ世界化する潮流の中へ激突する形で、小さなユダヤ宗教がたちあらわれた。だからユダヤ民族宗教そのものが、内実からの浄化・転身を迫られてもいたのである。こうした過程をへて、ユダヤ宗教は、はじめてローマ世界帝国への世界宗教へと高まるエネルギーになったのである。アジアの世界宗教となる仏教が、インドの民族宗教から結局はとび出していったように、キリスト教も、その後のパウロの伝道にあるように、ユダヤ宗教からとび出していった。

ユダヤ教もヒンズー教も、それぞれユダヤやインドの民族宗教たりえても、世界宗教とはなりえなかった。それは、それなりの原宗教エネルギーとして、存在価値をもちつづけてはいる。しかし普遍化精神であるキリスト教は、ギリシアというヘレニズム文化の中心精神との混淆を検見して、世界帝国ローマに、また世界国家たろうとしたゲルマン世界の中に強く浸透していった。そしてそれは、ひろく一般大衆の魂の救いとなって、混迷の世をそれぞれ救い、活力を与えた。仏教もアジアの諸国に浸透して、ひろく民衆への活力となった。ここに両者の世界存在の豊かな性格があるといわねばならない。

しかし、これら仏教やキリスト教に対して、中国の儒教や道教はどうであったか。儒教の開祖孔子、その伝道者孟子も中国のいわば社会の争乱期に生をうけ、諸子百家の諸説紛々の嵐の中に、その思想を錬ったことにおいて、仏教の開祖シッダールタなどとまったく共通している。しかし、この中国思想は、真摯な民族宗教否定の性格を欠き、その点で世界的性格を欠き、あまりにも民族の色彩の強いものとして終始したことで対照的である。初期の仏教やキリスト教が、いわば魂の救いをその真摯な探究の課題とし、現実世界への欲望を絶ち、政治への関心を示さなかったのに対して、孔子は、はじめからその中心教説がどこまでも現世の政治にあり、政治のアドヴァイサーとして現実世界をいかによく統治するかの問題に終始した。彼は、あまりにも中国風の聖人君子の道徳を広めようとしている。

実はこのきわめて強い政治への傾斜こそ、儒教の生命である三皇五帝にさかのぼる「修身斉家治国平天下」の政治思想を集大成している。そしてその理想が、ただ中国自身の過去に向かっているのである。過去の政治を理想化し範とすることに、その精髄がある点において、この思想は、徹底して中国的であり、世界性に欠けるものが認められる。儒教思想は、春秋・戦国という動乱期に鍛えられ、最も中国らしい性格を内包していたがゆえに、漢民族国家の典型、すなわち漢（前漢）の時代以来、国教の地位を保つことができたのである。その後の広大な等質の漢民族世界の中で、それは、合理的知識をもって特異な知識の集典を成し遂げた。しかしそののちは、活々たる生命力を励起することもなく、未来の意欲にかけた退嬰《たいえい》のワク組みをつくりあげていくだけなのである。

日本に儒教は入ったというであろうが、それは仏教のように民衆の魂へとくい入るものはなかった。ただ為政者とかごく一部の知識階級のためのきわめて自己本位の政治上・道徳上の学問となるきらいがあった。孔子・孟子とならんで、老子・荘子の老荘思想が云々され、無為自然の大法のことが儒教の小法に対して優位に立たせられることがあるが、老荘の「虚にして玄」という無為なる哲理も、一見深遠で世界的広大な視野をもっているようであって、その実は、きわめて中国的政治性格の強いものでしかありえない、と思われる。いかにすれば現実政治をうまくやれるかに、その議論が終始している。いわば政治論議において、儒教と張り合っただけのもので、何も仏教がいう世界とか人間そのものの存在を突き詰めて空なるものに至った、というような性格は一向にもたないもの、と考えられる。

あとに中国におこった道教が老子を祖としているようなこともいわれるが、老子その人の実在も確かではないし、そもそも道教というものは、中国の相当低俗な民間信仰が仏教の盛んな中国への移入に刺激されて連鎖的におこったものといえるのである。中国人の現実生活そのものへの執着の強さの実証として、この道教と密接な関連でおこった中国古来の思想などは、不老長寿の薬を求めて、仙人の道に入る一種の神仙思想を説くに至っている。きびしい現世否定の論理性・倫理性をつらぬく仏教やキリスト教の峻厳さには、相当におよばないものがあるように思われる。

中国が儒教をもっていながら、どうして仏教を受け入れたかについては、いろいろ問題もあるだろうが、儒教には、決して人間本来の宗教の救いを直接に与える性格のものは一般にはなかったのではあるまいか、と思われる。しかし仏教は、人間すべての内奥の宗教心を、それぞれに救う何かある普遍の深い人間性があって、これが、中国をはじめ特に日本など各国の流儀に変えられながらも、強く受容されるわけがあったのだ、と思われる。インドが仏教を輸出したのに、中国からは思想的には何も受け取らなかったのは、やはり仏教思想がすぐれており、水の低きにつくように、中国の低い思想領域に仏教思想が滔々と流れこむことになったからだと思う。しかし中国に入った仏教は、中国流に変貌し、知識階級化・政治化されるのである。しかしそれはとにかく、中国には、さきの節でもみたように、普遍的・世界的に深化され、論理化・倫理化された人間性そのものへの肉迫する思想がなかった。それは、絵に描《か》いた餅のようになりがちな、聖人君子の「治国平天下思想」に終わる傾向が強かった。しかも、これが中国特有の神話として、あとあとまで変わらずあがめられてきたのである。しかも、この神話は、決して神との真摯な対峙・対決をめぐってつくられたものではなく、孔子も「鬼神は敬して遠ざける」というふうであった。儒教が先祖を崇拝し、祖霊を敬うという点においては、たしかにその宗教としての性格があるように思われるけれども、人間の生存とそれを停止させる死、その他の矛盾をもつ人間存在の深い苦悩を通していないように思われるのである。

神という永遠にして完全な存在性格と、人間という可死的不完全な存在性格の、根深い断絶への思いとその対決、またはその解決へと肉迫する底の〝religion〟(人間を神と再び結びつける)の精神としての「宗教」は、中国においてはどうも生まれてこなかった。先祖礼拝というプリミティブな宗教心情が底にあって、それが儒教道徳、すなわち政治理念という中国性格の堅い外ワクをもって、がっちり固められていた。しかも、現実の政治をめぐってのものに終始したのである。

最善最高の周の政治の道をたずねて、人間の道を「仁」という徳に求めた孔子も、結局その仁とは、

己に克ちて礼に復するを、仁と為す。
(『論語』「顔淵編」第一章)

というように、礼という周の政治理念をめぐって論じられている。しかもそれは、為政者とその周辺の

士大夫たち中心の道であって、この中心部分が、仁徳で民衆をうまく治めれば、おのずと天下みな仁に帰すという底のものであった。

これこそバラ色の楽天的世界観というべきで、えてして安易な治国平天下観に堕す危険性を多分に内包していた。孔子その人の歩いた道が、治国平天下への政治道のアドヴァイサーだったのであるが、そんなものがうまく行われるはずはなかったであろう。同じプラトンの理想国家形態を説く哲学と比較してみる場合、孔子の方は、人間の魂の在り方の追求において普遍性と徹底さを欠いているきらいが多く、ヘーゲルの孔子への批評は、無理解すぎるとはいえ、「通俗道徳学者」の観をまぬがれえぬ一面をもっている。

未だ生を知らず、焉《いずく》んぞ死を知らん。
（『論語』「先進篇」第一二章）

といって、死との対決を遠ざけていた孔子の楽天主義も、晩年の度重なる不遇にはいかんともしがたく、死後にも思いをいたすに至ったといわれるが、自分を知るもののなきを嘆き、

我を知るものはそれ天か。
（『論語』「憲問篇」第三七章）

といって天に救いを求めるあたり、やはりそれ相応のきびしいペシミズムはあるにはせよ、それは時の運としてあきらめる楽天観が、またそのまま基調をなしているように考えられる。儒教が孟子という至って好戦的な闘士を得て、君主の革命思想を正統化し、唱道する政治理念を内包するに至ったのは、儒教そのものに隠されている危険思想・異端要素を暴露するものではあるまいか。これあるがゆえに、天子は有徳でなくてはならず、現に政治を行う当事者には、露骨な革命思想は異端的であり、その反面、現政権を倒す側にしてみれば、まことに政権打倒の大義名分が立つ正当論でありうるわけである。

このような革命論への突っこみ方が、人間そのものを離れて、天子中心の政治論に集中すること、また人間に触れえても、それが人間性善説というこれまた至って楽天的な威勢のよいラッパ吹きを務めることになったが、この楽天観こそは、中国思想の根についた考えであったことを物語っている。人間を論ずるのに、この性善説をもって仁義を説き、結局は仁義政治の王道を説くのであるが、天の善の力の瀰漫《びまん》を信ずることで満足する以上にはいかず、そこでの掘りさげを徹底して行っていない。

これを最近の中国共産革命がおこなっていくならば、この思想はどれほど深化され広域化され、エネルギー化されることであろうか。しかしそれはとにかく、多分に中国の儒教精神に対して好意をもちすぎたかにみえるシュヴァイツァ博士も、その『キリスト教と世界宗教』(一九二二年)の「シナの宗教思想」の中で、結局はインドの宗教に対してと同様に、次のような見解を表明するにとどまっている。

われわれが素直に認めることは、自然においてやわれわれ自身において、われわれが悪と感ずるものがわれわれにはなはだ多く対立しているということである。シナの敬虔者たちより、はるかに深くわれわれは何が罪であるかを感ずる。彼らよりはるかに深く、神は認識されうるものではなくて、「それにもかかわらず、われわれは汝のもとにとどまる」と語る信仰において把握されなければならないものと感ずる。バラモンたちに対し、またブッタに対して、われわれはいった。「宗教は、世界・人生否定の悲観主義よりより以上である」と。シナの敬虔者たちに対して、われわれはいう。「宗教は倫理的楽観主義よりより以上である」と。両者相互に対しては、「宗教は自然の観察においてあらわれる神的なもの認識ではない」と。神はわれわれにとっては、この世界の基礎にある精神的なものとはなお何か異なっている。一元論と汎神論は、どんなに深くどんなに敬虔であっても、宗教の最後の謎の中にまでは入ってゆかない。宗教の謎は、神が自然においてわれわれに出逢うのとはちがって、われわれが神をわれわれにおいて体験するということにあるのである。自然においては、われわれは神をただ非人格的創造力として把握するにすぎないが、われわれにおいては、倫理的人格として把握するのである。われわれがそのようにわれわれにおいて体験する神と世界との間の謎のような分裂を、われわれは、われわれの宗教の中に一緒にもちこむ。イエスが彼の福音においてもそれをしているように、である。バラモンたちとブッダやシナの宗教思想家たちの単一的論理的敬虔心を、われわれは素朴なものとして背後に捨てる。

と。中国思想には、儒教に代表されるような楽観主義に悪とか罪の深い体験がなかった。それには、道徳的善行の自己満足が多分に浅い形で露呈しているし、人間臭いその善行は、天の道という多分に非現実の神話的帝王政治に奉仕するものとして、虚礼化する空疎な知識にとどまる危険があった。また、インドの多様な種族の多彩に織りなす神話の密林や沖積沃土は、深く繁茂し、その豊饒な自然の生殖・生産を、まことに自由奔放にあらわすようではあるし、その自然的多神教とそこからさらに高度に思弁化し、哲学化する一神教や汎神論の神秘主義思想を生んではいるが、そこには人間性の大胆な讃歌が欠け、その点でそこからはきびしいヒューマニズムも生まれず、真摯な倫理も生まれない恐れがあった。

人間の現存在、いや世界そのものを苦と観じ、その苦の原因としての煩悩をよく知って、それらすべてを絶滅するところに悟りの境地をみるという仏教には、人間性そのもののさらに大胆な否定があって、厭世観の性格を強めるものであり、一元論的ではあるが、キリスト教は人間を否定しさらに人間を肯定する矛盾を担う人間性の肉迫において、それは真摯であり、力動的人間歴史を繰りひろげるドラマをもっている。それは、仏教にみられるような堂々巡りの輪廻ではない。人間精神の進化という一回かぎりの歴史観が成立する点において、中国、インドの静的性格に対してキリスト教は動的要素を多分に内包している。この動的要素は、ギリシアの静的思想と対比しても、はっきりいえることである。これが、地中海からさらにヨーロッパ世界へ、さらに姿をかえて現代資本主義社会へと、人間性の追求を動的歴史のドラマとして繰りひろげていることになるものと思うのである。

この戦闘精神が、原始キリスト教において、キリストの深い広い愛の心情につらぬかれ、燃やされた。この精神は、パウロの戦う精神において、種々変化を遂げていくし、また宗教的美名のもとに人間を大量殺戮するあくどい宗教戦争を繰りひろげていきはするが、その基底には、人間性やその倫理性をひたむきに讃美している。またそれは、ユートピアをこの地上につくろうとするヒューマニズムの無限の熱烈な努力とそのエネルギーを蓄積しながら、不断に燃えてやまぬ宗教である。しかし、キリスト教が戦う精神として、武器をとり聖戦と称して異教を討つような姿勢をとることは、かえってその硬直化を意味するほかなにものでもない。キリスト教は、そこまでも武器をとらない無抵抗の愛の没我の宗教に徹しなければならない。そしてこのときこそ、その宗教の基底において、仏教やその他の宗教・教説とも和合し、調和できるであろう。

それらのすべてが協和して奏でる音色は、全体を一層深めるであろう。仏教の悟りは、深い宗教の境地である。中国や日本にその根をおろした禅の思想は、たしかに深いものである。しかし、これがキリスト教と増幅しあわなければならない。中国の儒教そのものの現世政治思想も、その現世を楽観する精神においては、人間生命の野生の力強さや未知のエネルギーを深く内蔵しているものと考えられる。前にも少し触れたように、その将来の真の革命的発展が期待される所以《ゆえん》もまさしくそこにあるのだと思う。

## 第四節　インド、中国とヨーロッパの各交流

すでにのべたように、中国の河南省のヤンシャオ（仰韶）から一九二一年に発掘された土器は、彩文土

器（彩陶）といわれるかなり高度のものであり、これとほとんど同じものが、中央アジア、東ヨーロッパにも発見されていることから、これは西方から東の中国へと伝播したのだという説が、アンダーソンなど西方ヨーロッパ学者によって推定されたのも、無理からぬことであった。しかし、現在はこの推定はきわめて疑わしい、とされている。が、何はともあれ、ユーラシア大陸の文化が相当同質的なものであったことは注目される。エジプト、メソポタミアといい、それとほとんど同質のオリエント都市文明を発達させていた（アーリア人侵入以前の）インダス文明といい、黄河流域の漢民族による古代文明といい、みな同じく前三〇〇〇～五〇〇〇年まで共通に起源をさかのぼることができることも興味深い。中国だけは、その地理的条件において、至って孤立の状況下に立たされているが、長い間の人類のユーラシア大陸をまたにかけての大きな足跡には、やはりお互い何らかの接踵《せっしょう》が何度となくあったことが予想される。

豊かな土地に定着していく各種族も、その豊かさをただ天与のものとして享受することなく、ホモ・サピエンスにしてホモ・ファベルとして経験知と手・足を働かせながら自然に働きかけ、少しずつ加工し、自然を支配してきたのである。さて定着化してからは、それぞれのブロックの間に交流が絶えることもあったが、それらの間に介在する人間種族も多く、豊かな地域への侵入と人種・文化の混淆をくり返しながらときおりはげしい刺激があるいは急激にあるいは緩慢に相互の地域間におこなわれてきた。このようにして人間の歴史は、たゆまず逞《たくま》しくきわめて多彩に織りなされてきたのである。

前二〇〇〇年頃からのアーリア人の地中海域とインド西北部地域への侵入後の、多種民族の混淆とその豊かな文化創造後は、各ブロックでそれぞれ相当長い間の文化育成期があった。しかし、前四世紀後半における突如としておこったアレクサンドロス大王のインド西境への爆発的進出によって、ギリシア文化はインドに有形無形の大きな影響を与えるということがおこった。そこに、西欧文化の一つの重要な母胎であるギリシア文化の古代オリエント地域への逆輸出が、偉大なヘレニズムの豊かさをインドにまで生み出したのである。

それまでのインドには、たえてなかったようなマウリア王朝の一大インド帝国が、アレクサンドロス大王の帝国を見倣うかのように出現した。このルートにのって、また仏教が一大勢力を伸ばし、特にアショーカ（A oka, 阿育）王のときには、大乗仏教としての世界宗教の性格を得、インドをこえて、水の低きにつくごとく、東の方へ精神的後退の低開発国へと、勢いよく伝播していったのである。中央の権威の高まりともに、インド国内には、商業用の大道が建設された。また、西は西で、アレクサンドロス大王のブルドーザーのような大掛かりな地平の切り開きは、さらにローマに受け継がれた。四通八達の陸路・海路が、軍用道路としてまた商業ルートとして、切り開かれた。このようにしてまた、ギリシアの造形美術は、それまで造形を知らなかった仏教に大きな影響を与えた。それが、大乗仏教のガンダーラ美術としてインド西北部におこってからは、その美しい造形の精神は、仏教の東への伝播とともに、峻険をまた砂漠の海をものかは、中国への平和的進出を遂げた。

中国というオリエントやインド文明からはとり残されたきわめて広い文化圏も、そこにおこった一大帝国・漢の武帝のときに、威勢ことのほかふるっていた。これまでの一方的侵入にまかされていた北辺からの遊牧異人種に対して、それへの対外戦略は、にわかに活気を呈してきた。またすでに前八世紀の終わり西のかなた南ロシア草原には遊牧騎馬民族のイラン系スキタイ族が勃興していた。中国を北へこす広大な蒙古平原には、フン族（匈奴）が、スキタイ族から優秀な騎馬と青銅の武具・馬具をとり入れて、すでに中国に秦のおこるころ、これをおびやかす一大勢力となっていた。この脅威をはねのけ、牧畜を伴って侵入してくる騎馬民族を阻止するためには、万里の長城のようなものが構築されなければならなかった。このことを考えるなら、これがいかに恐ろしい勢力であったかが推測できるであろう。

フン族は、漢民族の一大帝国化に刺激されて、やはり部族連合の国家にまで成長してきていた。そこで西のインド北部の月氏という異民族は、フン族の馬蹄下に蹂躙《じゅうりん》された。漢の高祖は、中国統一後の余勢をかってこれに当ったが、大敗北を喫したし、武帝のときも、最初はあえなく失敗した。しかし武帝は、やがて騎馬軍を華北の草原に養成して攻勢に転じ、前一二一年からは、かなり優性に戦いを進めた。もともとこれらユーラシア大陸を横切る大草原砂漠地帯には、民族の興亡もかなりはげしく、また流動的であった。西に追われたり東に追われたりで、もともと定住地とてなかった。例えば月氏国のごときは、だんだん追われ追われて西に移り、武帝が、歴史的に大きな意義をもつ使者張騫《ちょうけん》をこの国に派遣し、フン族を東西から挟み撃ちにしようと申し出たころには、すでにバクトリア（現在のアフガニスタン北部地区）に豊かな土地を獲得していた。だから、こういう危険な漢の呼びかけには応じなかったのである。

張騫は、前後二回フン族に捕らえられたが、とにかく使者として、その月氏・漢連合につとめた。その役目は果たさなかったが、中央アジア旅行の豊富な地理的知識をもって十三年ぶりに帰国してきたことは、特筆大書すべき事件であった。張騫の話をきいて好奇心をそそられた武帝は、前一〇二年には、また大遠征軍を北西に進めた。フン族との戦闘用の軍馬調達という目的も重要であったが、これら一連の接触によって、中国とローマという東西の両大帝国がきわめて細くではあれ、至って強い靭帯であるシルクロードによって、しっかり結ばれることになった。こういう道は、悠久の先史時代にもおそらくあったであろうが、文化歴史時代にこのような道が開かれた意味は、あとの文化交流を考えるとき、さらに一層重要になってくるものである。

あくことを知らぬ商人たちが、せっせと動き、中国からはもちろんシルク（絹）織物を中心とした輸出が、中国へは宝石・香料などの輸入が、きわめて微々たるものではあるが、とにかくはじまったのである。そして、何よりも大切なことは、これらのルートをへて仏教文化が伝播しはじめたことである。この文化が、ギリシア的造形美術をともなって、チベット・中国・朝鮮へさらに東海の孤島日本にまでつたわり、それによって、それぞれの国では文化の発酵が著しく高められたのである。

中国とローマを結ぶ道は、しかし陸路だけではなかった。あくことのない人間の好奇心や欲望によって、陸路の複雑な政治国際関係のややこしさにくらべるとはるかにこれらのわずらわしさのない海上交通が研究されるのも理の当然であった。紀元一世紀の後半には、すでにあるローマ人が商船をひきいて、エジプトの紅海沿岸から出航し、季節風を利用して、インド西海岸までたどりついている。これも、かすかな東西交流史ながら、重要である。徐々にインド半島をまわって、マライ半島をまわり、中国の南広州への海上ルートが開かれていた。インド商人がこれらの仲介役をやり、やがてはアラビア人が、そのたけた商才をもってこれらの貿易をになった。これについては後述されるであろう。

ところで中国の北辺に荒れくるっていたフン族は、矛先を変えて、またヨーロッパの歴史の舞台にも突如出現する。それは、数百年遅れて三世紀ごろにカスピ海沿岸にあらわれ、三七五年にはドン河をわたってヨーロッパに侵入し、ヨーロッパ史上にその悪名をはせた。アッティラ率いるあのフン族侵入事件である。このフン族の移動が、ゲルマン大移動への大きな連鎖反応をおこし、ローマ帝国の解体と新しいヨーロッパ世界確立へとつながるのである。この世界的意味を考えるとき、文化の交流にあたって、活火山のように鳴動するエネルギッシュな人種部族の野性的な力は、それが破壊的・敵対的であれ建設的・協力的であれ、とにかく豊饒な人類協同体多産な母胎であることは否定できない。西欧世界は、この不法とでもいいたげなアジア人種の侵略によって、新しいヨーロッパ世界の成立に向かって鍛えられた。

また、その後やはり蒙古におこったジンギスカンに率いられたモンゴル人が、十三世紀の初頭に欧亜にまたがる大帝国をつくったときも、それに刺激されてスラブのロシアがおこってきたことを考えるとき、民族興亡の歴史は、たえずそこに新しいエネルギーを増し、増幅されながら、ひろい意味の世界へ、その混淆へのプロセスをたどっていった、と考えることができよう。人間がそれぞれこうと考えて計画的にやるのではなく、うつぼつとしておこる人間の集団の活火山が、それなりの自然発生的鳴動をおこすのであるが、それがやはりそれぞれの変動の中で、知恵を生み、技術を生みながら、経験を次々といかし、次の世代へ豊かさを丹念につたえていく文化要素であるだけに、単に自然発生的と片づけてしまうことは、まちがいであるだろう。人間それぞれが運命と戦い、それを克服し、忍従することによって、とにかく偏狭さを徐々に脱皮していくのである。

仏教は前一世紀、前漢の末に中国に伝来したと考えられるが、これを契機として古代ペルシアの宗教、いわゆるゾロアスター教（拝火教）が南北朝の末につたわってきた。同じくペルシアのマニ教が七世紀（唐の時代）に、さらにキリスト教の分派・ネストリウス派、すなわち景教や、マホメット教（イスラム教）なども、唐時代には次々つたわってきた。隋・唐時代を通してその輝かしい首都であった長安の都は、人口百万、当時世界の最大都市として、かなりの世界的色彩をこの孤立化した文化圏中国の中に見ることができたのであろう。人間文化の伝播の速やかさを物語るものである。

漢民族のうごめく中国をいろんな思想の混淆の渦の中に巻きこみ、そこに豊饒な精神文化の沃野をつくるには、インドに侵入したアーリア人のように雪崩《なだれ》をうって定住的に侵攻してこなければならなかったであろうが、漢民族のあつく広い人海はたとえそんなふうになっても、インドのようには影響を受けなかったかもしれない。漢民族の思想は、いろいろと西域を通しての宗教の影響もあり、それぞれに信者も獲得はしたけれども、牢固としてぬきがたい性格がすでにできあがっていて、他によって同化されることは難しかった。しかもそれが、自然の防波堤によって、北辺蒙古の夷狄《いてき》を除いては、なかなかに中国を侵すこともできず、それも大量に侵入することはなかった。一時のちになって、蒙古族が元として中国に君臨するが、これもとても結局は漢民族にかなう相手ではなかった。

しかし何はともあれ、唐代に、宗教の伝播とともに多くの優秀な学者が中国にやってきたことは確かで、クドンシッタ（瞿曇悉達）によって西方の天文学占星術の知識が広められ、アラビア数字やインドの正弦法などが、つたわってきた。七世紀半ばの唐の勢力は南もインドシナまでおよび、カントン（広東）などの南中国の港には、イスラム商人たちが相次いで渡来した。

ヨーロッパ世界が、中世のキリスト教の閉鎖的世界の中で、いろいろな現世の物質文化が停滞し、したがってその相関的な精神文化も進歩的でなくなっていたときに、異教のアラビアの世界では、どんどん文化の円熟をきたしていた。だから、中国人の技術といわれる製紙術・印刷術・磁石や火薬などの新技術も、イスラム諸国では栄えた。それだから、後になってアラビア世界とヨーロッパが接するようになってからは、それがヨーロッパ地域に大きく伝播し、この世界の変革に大きな影響をもち来らせたものと考えられるのである。

製紙術は後漢の蔡倫によって樹皮・布きれなどによる製紙を二世紀ごろに発明したといわれるが、この製法を通して、唐代には製紙業は盛んで、紙は一般にかなり普及したが、さらに西漸《せいぜん》し、サマルカンドからからダマスカスへ、さらに十世紀にはエジプトにも製紙工場ができ、さらにイスラム支配下のスペイン南部バレンシア地方に、また十三世紀にはイタリアに、十四世紀にはヨーロッパ各地に製紙造がおこなわれるようになった。これとともに印刷術も九世紀後半に（唐時代に）かなり普及し、十一世紀に北宋で活字印刷が発明されたといわれる。

ペルシアに建てられたモンゴル人の帝国イル・ハン国の首都であるダブリスは十四世紀の国際色豊かな都市で、紙幣も中国語とアラビア語で印刷されていたといわれるし、元というはじめての異国人国家が中国にできて（一二七一年）、しばしの支配がつづいたとき、キリスト教宣教師もだんだん中国にやってきている。ヨーロッパの商人も元を訪れるが、中でもマルコ・ポーロは名高く、繁栄する中国の様子を『東方見聞録』によってヨーロッパにつたえた。これは、東方へのあこがれを一層刺激し、ヨーロッパ諸国民をのちにアジア進出へと駆り立てる大きな導火線ともなった。イタリアに印刷術がつたわるのも、マルコ・ポーロのイタリア帰国後数十年後であったといわれる。十四世紀にはヨーロッパ人の中国来訪が増え、ローマ法王も宣教師を幾人となく送り、洗礼を受ける中国人もどんどん増えたといわれる。木版印刷は中国の文字には適していたので、どちらかというと活版印刷よりも木版が盛んであったが、活字の方がドイツにおこり印刷革命の端緒をつくるが、これも中国の影響を考えるべきであろう。また一一〇〇年ごろ中国船が使った指南魚という磁石も、華南の港に渡来してきていたイスラム教徒を通してヨーロッパにつたえられた、と考えてまちがいないであろう。文献的には、イスラム文献がヨーロッパ文献にのせる磁石利用より遅れているが、中国技術がきっかけをつくったことは確かなようである。とにかくこの装置がヨーロッパで羅針盤に改良されていくのである。また硝石混合の火薬は宋時代、蒙古人が十二～十三世紀に使い、それがアラビアをへてヨーロッパに伝播したといわれるのである。

これらは、すべて新しいヨーロッパ人たちの科学的知恵で大いに改良が加えられたが、中国でもアラビアでもただ術として終わったことは残念であった。学をつくる知恵は、術のさらに基礎にあるものであり、これがやはり深い自然科学・宗教・哲学思想の根と触れあっていて、自然科学がおこるのも哲学がおこるのも神学がおこるのも、この知恵の源泉からくみ上げたものにほかならない。それだけに中国にもアラビアにもその深さが欠けていたことは、根深い創造のファクターが欠けていたものとして嘆かれる。

インドはアラビアや中国とは事情を異にしていた。さきにものべたようにそのきわめて論理に富んだ思考は抽象化を推進させた。隆盛をきわめたインド商業社会の中では、数学が発達し、思考が発酵して、天文学・医学・化学・機械・造船術が開発されていったことは第一節でのべたが、これらが特にアラビア人によって媒介されてヨーロッパが吸収したものは、アラビア人がインドからそれ以前に吸収したものが多い。長い中世の現実思考の中断からやっと人間の知恵を現実のものに則してそれに向けよう、という考えが大胆に表明されようとしていた時代に、ヨーロッパはアラビアを通してインドのものを吸収した。きわめて商才にたけたアラビア人が、その間に立ってインドの学問も技術もその他胡椒に至る商品までも、ヨーロッパにどんどん売りこんでいたのである。

こうした介在をやめて、豊かな東国への直接のルートを探すことがヨーロッパ人の手で行われ、それが十五世紀の東方発見、新世界開発、地球の丸いことの確証へと、ヨーロッパの知恵を驚天動地の形で刺激した。これらのことについては、またアラビアのところで、さらに新しいヨーロッパ世界の誕生の機縁となる十字軍遠征と一連の知識醸成過程において触れる問題でもあるので、ここでは割愛したいと思う。

# 第四章　アラビアの宗教・哲学・科学とヨーロッパ

## 第一節　アラビア世界の登場

地中海世界の体制に北部辺境から大きな新しい生命を吹きこみ、その変貌を推進した野性的なゲルマン民族の大移動についで、南部辺境からは、七〜八世紀には野生部族・アラビア民族の間に、大きな胎動がはじまろうとしていた。

マホメットを生んだ町メッカは、遊牧民の定住グループによって建設された商人の町であった。地中海方面と東方諸国とのきわめて重要な商業の交通路であったユーフラテス河〜ペルシア湾のルートが、ビザンティン帝国とペルシア帝国とのはげしい抗争の結果使えなくなり、地中海ローマ文明世界の重要な品物である香料のルートは、アラビア南部からメッカを通り、北に通ずるものが残されているだけになった。メッカは、各地域への交通路が交叉する重要な地点として、かつてのギリシア文明の揺りかごとなったミレトス市のように、さまざまの人種が行きかう一つの宿場町になった。

ペルシア・アラビア・ユダヤなどのあくことを知らぬ利益追求の商人たちは、ここを先途《せんど》と、この地域の通商路に集中してきた。ユダヤ教やキリスト教などの一神教の浸透もかなりあったし、ヘレニズム文明の影響も強く、未開発国のアラビアにあって、非常に活気に満ちた地域に変貌しつつあった。南アラビアのイエメンには、ローマ人たちにとってはのどから手が出るような最高価な品々を積んだインドの宝船がやってきたし、またメッカの西ジェッダの港は、紅海沿岸にあり、アフリカにも通じていた。このようなところに、メッカが生んだマホメットの秘密があったように思う。

このヴァイタリティに富んだ町のメッカの体質はマホメットを育てたが、当時のアラビアは、種々の部族が部族主義の立場をとって分裂割拠し、また遊牧民の常として、きびしい自然に生きぬくには、お互いの略奪行為はいわば常識であった。多神教の偶像崇拝の非統一世界であったが、北には二大帝国をひかえ、その侵入脅威もあって、アラビアにも統一の動きが全然ないわけではなかった。宗教は多神教で、特定の聖石（カーバ）があがめられることが多く、樹木や泉なども、すぐに偶像崇拝の対象となったとはいっても、ピラミッド式に、より上位の神、さらに上位の神というように最高の神に統一されるという、いわば一神教になる要素も皆無ではなかった。

また六世紀には、オアシスの小さな定住民族が、四周をだんだん統合してキンダ王国をつくり、それが刺激となって、アラビア半島内のアラブ部族共通の文学もおこりつつあった。こういう状況下では、何といっても今一歩この動揺のはてしないアラブを統一する指導理念なり、深い内的結合のきずなが、潜在的に求められていた。こんなところだからこそ、いわば突如としてこの潜在性が、マホメットに啓示としてあらわれたのであろう。しかもこれは、ユダヤ・キリスト教と共通のセム族のものであった。

ところで一方では、富を独占する豪商たちが成金の夢を追っていた。他方では、それらの太ってゆく商人たちによって住みよいオアシスを追われ、貧窮の淵におちてゆく貧民たちがあった。このまったく不安定な激動期のアラブであったから、そこには深い亀裂がぽっかりと口をあけていた。そしてこの亀裂の底深くからは、折あれば原生命のエネルギーが、吹き出ようとしていた。しかし吹き出るには、いわばこの生命のマグマを刺激する深い潜入というか陥没というか、こうしたものが必要だった。そしてこれをなした者が、とりもなおさずマホメットだったというわけであろう。しかしここに、一挙にそのマグマは励起されて大きな噴出となった。野生の生命力は突如として起爆作用をはじめた。あとはアラブの生命の火に連鎖反応がおこればよかった。

しかし預言者は故郷に容れられずことわざ通りに、最初のマホメットの熱心な一神教宣布は、その故郷（メッカ）においても成功しなかった。アラーの神は、自分の愛する使徒マホメットに、まず試練を与え給うたのであろうか。メッカの商人たちは、次のような理由からマホメットに反対した。すなわち、ここが多神教アラブの聖地として巡礼の中心地であり、また商業ルートの宿場町の性格から、在来の宗教を打破してしまうマホメットの宗教では、メッカ市そのものの経済的存立があやうくな

**マホメット**　啓示を受けるマホメット。細密画。

るという理由である。しかしこういう考えでは、アラブの統一も世界への快進撃も可能ではなかった。

こんなわけで、少数の帰依者を得たものの、預言者はメッカを逃げ出さねばならなかった。こんなときちょうど、この町の北東三〇〇マイルほど離れたメディナの町（はじめはヤスレブといったが、のち「預言者の町」という意味で「メディナ」と呼ばれるようになった）に、部族反目の調停役として求められたのが、霊力あらたかなマホメットであった。ここに居をかまえてからも、マホメットにとってメディナ統治は至難の業であったが、彼の中に啓示された宗教の信念とともに、かつてのアラブ遊牧民としてのたけだけしい戦闘精神・略奪精神が、苦難の中でかえってむらむらと湧きおこったのである。その精神的高貴の中には、商人の懐柔方法とアラブの血ともいうべき略奪的政治権力が混淆されていた。

しかし何はともあれ、今は宗教的統一という至上命令が彼をリードした。一般の反目者たちの表層意識に対して、深い啓示を受けた彼は、深層の意識層に向かって行動することができたのである。かくして彼は、自ら深い生命の示現者として、隊長の武人として、メッカ軍によるメディナ攻撃に打ち勝つことができた。メッカ奪取に成功した彼は、思いのままここの偶像神殿を破壊した。ここに、おこった成功のハリケーン・エネルギーは、アラー信仰を台風の目として、次々に荒野を席巻する勢力を示した。アラーを信ずるものは、もはや部族の血統とか、身分のちがい、民族のちがいなどに関係ない。すべて平等の代表として、兄弟として紹介できるのだ、という深層の共通意識が、浅層の意識を圧倒したのである。

しかし突如として六三二年にマホメットは死んだ。しかしそのときも、それで決して途絶えはしなかった。偶像崇拝よりもはるかに高い統一原理である一神教信仰をもたらしたこの宗首がいなくなったことで、一時は再び分裂の最悪事態もやってはきた。しかし後継者（カリフ）たちが、この危機をのりこえた。何よりもアラブの血ともいうべきはげしい略奪行為を他国征服に向けることにより、内の反目を外地征服へと方向転換させ、これが一致団結したイスラム教勢力の実力を、アラブ全域に立証してみせることになった。

六三三年シリア遠征の志願兵が募集され、これらの軍団は続々とパレスティナ・シリアに送りこまれた。数年後にはビザンティン帝国軍に破壊的打撃を与えた。シリア遠征とともに、ペルシア帝国領への進撃も開始され、これも予想外の快進撃であった。それというのも、うまい具合にビザンティンとペルシアの両帝国は、長い間にわたったお互いの戦争でまったく疲れていたからである。そればかりか、その後の中近東二分割下で、例えばシリア、エジプトを支配していたビザンティン帝国は、異人種問題をかかえ、さらにキリスト教分派の反目もあり、ビザンティン圧制に（重税に苦しめられたりもして）、シリア、エジプトはつらい思いのしどおしであった。

こんなときであったから余計に、両地域とも侵入者アラブをかえって喜び迎えた。しかもこんなとき、アラブ人たちは、商人らしく課税を軽減して、彼らに善政をしいたのである。また、アラブはイスラム教を信仰しながらも、決して狂信的ではなかった。マホメットは、キリストとちがい、預言者であって、神の子ではなかった。キリスト教国では、キリストの神性をめぐって、きわめて血なまぐさい闘争があった後のこととて、主としてネストリウス派（正統派から異端視されたキリストの二性を厳格に区別した派）だったシリア人は、正統キリスト教徒下で迫害を受けたし、またエジプトのキリスト単性説派（キリストにはただ一つの本性しかないという派）も同じであった。

しかしその征服者として臨んだイスラム教アラブ人たちは、貢物をさし出しさえすれば、宗教のことはあまりやかましくいわず、精神的圧迫を加えなかった。彼らのモットーは、

コーランか貢物かそれとも剣か

の三つに一つをとる柔軟なものであった。キリスト教世界が、愛を説きながらかえってきわめて非寛容であったのと同じように、ペルシア世界も、宗教的には非寛容であった。こんなことで、アラブ民族に同調的となった被征服民たちは、その後の征服戦にも協力して、東に西に北へと侵略をあえてしたために、西はスペインを征圧することができたし、東はインド方面に広い接触をもつようになり、南はエ

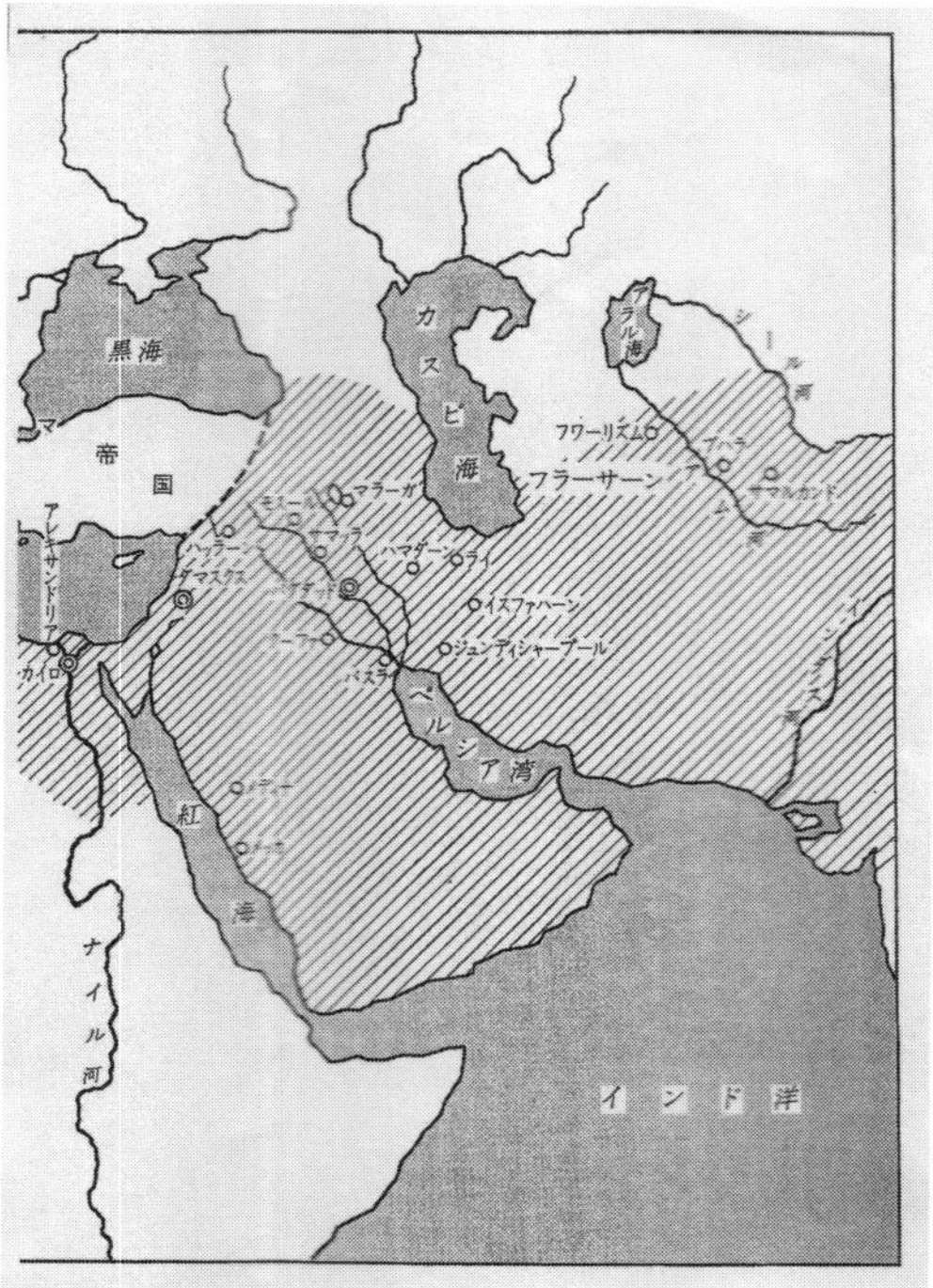

ジプト、北は中東アジアにまたがる、ローマ盛期の約二倍にも達する最盛期を迎えることができた。アラブの征服には、アラブ本来の遊牧民時代の血が脈々と煮えたぎっていたし、富を与えた福の神アラーへの信仰も、いや増していったのである。


（アラーは）もともと孤児のお前を見つけ出して、やさしく保護してくださったお方ではないか。

道に迷っているお前を見つけて、手をひいてくださったお方だ。

極貧のお前を見つけて、金持ちにしてくださったお方ではないのか。

（『コーラン』九三「朝」六〜八節）


という言葉は、よくアラビア人たちには理解できたし、信仰もできた。

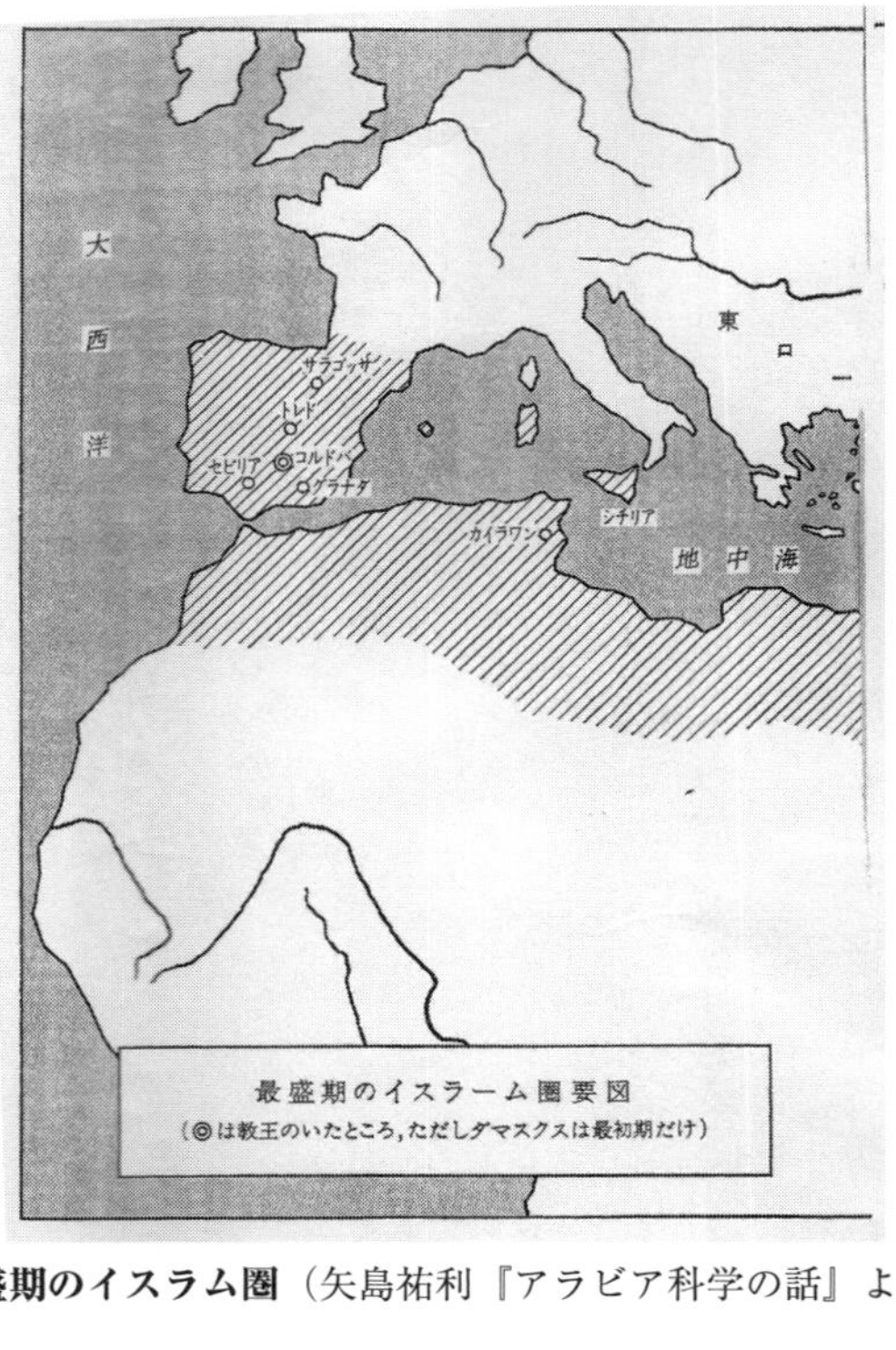


**最盛期のイスラム圏**（矢島祐利『アラビア科学の話』より）。

こうして、各征服地へのエネルギーはいや増し、一時は東ローマ帝国・首都コンスタンティノープルに迫り、またピレネーをこえてフランス南部を脅かす勢いだったのである。地中海は完全に彼らの征服下にはいり、そのため、ローマ世界はその地中海の富から遮断されて衰微し、ヨーロッパは一時閉塞状態となり、新しい生活の知恵を探さねばならなかった。

しかしここからこそ、前述したように、新しいヨーロッパが誕生することになったことを忘れてはならない。ところでアラビア人は商人的性格をどこまでも尊び、ローマ人たちから受け継いだ道路を軍用・商用として重用し、そのため通商はますます発達し、文化的にも大きな興隆をきたすこととなった。とにかくヨーロッパ人たちにはいろいろの甚だしい誤解を生んだけれども、アラビア世界は、衰退した中世ヨーロッパに代わって、全世界の大きな文化的意義を果たすことになるのである。

## 第二節　アラビア科学の性格

商業民族としてのアラビア人は、いろいろ他国のものを豊富にとり入れたばかりか、彼らの生え抜きの宗教といわれるイスラム教にしても、ユダヤ教やキリスト教やペルシアのゾロアスター教から、実に多くのものをとり入れた宗教だといえるだろう。ムハンマド・イブン・アフマド・アル・フワーリズミの『科学の鍵』によると、学問は大きく二つに分けられる。すなわち、第一はアラビアの土着科学、第二は外来の科学である。法律・カラーム（イスラム教神学）・文法・秘書学・散文・詩・史学は第一の学に属し、哲学・論理学・医学・算術・幾何学・天文学・音楽・機械工学・錬金術は第二に属する。非文明のアラビア人がその教王圏を拡大して、エジプトに、ペルシアに、インドに進出したとき、そこに見出したものは、目を見張るような数々の豊かな文明であった。さきにものべたように、商業民族の性格をもつ彼らは、外国民族に対して、宗教では実利的であり、また寛容であり、彼らの征服は、宗教の目的だけというよりも、略奪とか富の獲得がかなり大きな目的であった。この点で、キリスト教徒とは相当のちがいがあったのである。

このようにして富を蓄えた教王は、彼の占領下のエジプトのアレクサンドリアの図書館をしのぐような学芸奨励をやった。アラビア圏には、アラビア人のほかに、ユダヤ人、ペルシア人、シリア人その他西欧人がたくさんいた。そしてこれらの人びとが、アラビア語を共通言語とし媒介として、種々の共同作業をした。外来文化を、次々と翻訳事業によってアラビアの土壌に注入したのもその重要な一つだった。実利的な彼らは、陸には商隊を組織し、海には船隊を浮かべて、東西に広く交易したこと、しかも、ヨーロッパ世界ではなかなか直接手の届かぬインドや中国にまで足をのばして、すぐれたものはいち早く手に入れるように努力したこと、こういうことによって、文化・文明の伝播に果たした彼らの役割は、特に注目に値する。

実利・功利の考え方は、イスラムの経典『コーラン』にはっきりとうかがえる。遺産の分配などが事細かにコーランに記されている（四の一二三）のも、特徴的である。アラビアの計算（数学）は、この遺産配分から発達したといっても言いすぎではないほどである。分配の問題は算術であるけれども、代数では一元一次（分け前の比率の一番低いものをxとたてて解く）のもので、非常に初歩的であるが、有名な代数学者アル・フワーリズミーの本は、半分がこれで占められている。現在のアルジェブラ（algebra）という言葉をヨーロッパ語は使っているが、これがアラビア語であることは興味深い。アラビアでは、やはりはじめはギリシアと同じく、アラビア文字のアルファベットを数学に使っていた。が、インドから1から9までの数字とゼロ記号をもつ位取り法をとり入れ、これでいわゆるアラビア数字というものの発達をみたのである。すなわちこれらは、やはりインドが起源であったと考えられる（あるいはメソポタミアからヒントを得たものともいわれる）。五世紀のインドのアーリアバタの算術書には、このゼロを含む十進記数法が現にあったのである。

ところでアッバース朝第二代の教王アル・マンスール（七五四～七七五在位）がインドの天文書『シッダーンタ』を求めたとき、これと一緒にインド数学がアラビアにもちこまれた、といわれる。しかし、アラビア人は計算の方法それ自体はギリシアから学んだのである。ギリシアからは、もちろんユークリッドの幾何学書が翻訳された。これは、八～九世紀にかけて苦心の末翻訳され、さらに高尚なアポロニウスの『円錐論』も、九世紀に翻訳された。この方面では、翻訳だけに終わらず、相当な進歩がみられたようでもある。三角法が、さらに天文計算の必要から、盛んに研究された。直接の起源はインドであるが、ギリシアではプトレマイオス（二世紀の人）の天文書『アルマゲスト』の弦の長さで算出されている。とにかく数の計算は、特に商業民族のしかも領土を拡大したアラビア世界では、耕地計算・量計算で特に大切で、諸科学の中でも最も早く発達した、といわれている。

数学と並んで大事だったのは天文学である。アラビアでは天使（マラク）の崇拝が盛んだった。天使の数は多いが、アラーは、天使を通じて啓示を人間に与えるのである。天使ガブリエルを通して与えた啓示の記録は、モーセの『五書』、キリストへの『バイブル』にあるが、『コーラン』はマホメットに与えられた、以上と並ぶ天啓の書なのである。天使崇拝は、また天の清浄さへのあこがれを示すものであろう。明るく輝く天の星の運行が、船隊の隊商に、いろいろな指標を与えてくれたのはもとよりのことである。星の運行と地上の出来事や運命との密接な関連、その他暦上の問題、礼拝の時刻、コーランにも示されている大切な難行や断食月の設定などはみんな重要であった。特にイスラムでは、太陰暦中心で、夜空に輝く、月が大切な指標であったのである。ここでは、天文学者たちも、すべて占星術には多大の関心を示し、研究をした。さきにもいったように、天文研究はインドの天文書の影響のもとに進められたが、ギリシアの影響も大きく、いろいろとこの方面の翻訳が進められたばかりか、天文台の建設が九世紀に行われ、それによって本格的天文観測がなされた。これは、自分の名のついた天文表を後世に記念として残したいという教王たちの意図もあったようだが、天文台は、首都バグダー

『原論』のアラビア語訳の扉。1595年ローマ刊行
(Harvard Univ. Lib.)

ドの文化性を大いに高め飾るものであった。この天文台は、教王アル・マムーンが八二九年に都バグダードにたてた「バイト・アル・ヒクマ」の主たる設備（図書館と並んで）であった。天文台は、さらに地球の大きさも測定する仕事もあった。紀元前二世紀の、アレクサンドリアの天文学者で数学者であったエラトステネスの方法より、これは大分詳しくなっている。

その後も、熱心に天文は研究しつづけられた。十四世紀には、ダマスクスの天文学者イブン・シャ・チル（1304-1374/5）の（太陽中心ならざる）コペルニクス的惑星理論が展開された。十五世紀には、また有名なサマルカンドの天文台がたてられた。概してアラビア天文学は、理論ではギリシアを越えることはまずなかったが、実際の天体観測に数々の詳しい資料を残した。天文学においては、占星術という、いささか神秘的なアラビア的性格をにおわせている。これは、次節にのべる錬金術と並んで、魔術の国・アラビアの印象を深くさせる。中世のものはヨーロッパにおいても多分に神秘的で、必ずしもアラビア

16世紀末に栄えたイスタンブールの天文台。アストロラーベ、四分儀、水時計、地球儀などが見える（イスタンブール大学図書館）

の占有物とする考え方はよくないが、「魔術の国」アラビアというイメージは、やはり深くわれわれに残るものがあるのである。

ここでアラビア科学についてもう一つ忘れずのべておかねばならぬものが、医学である。医学は教王ばかりでなくすべての人々に必要なものとして、その翻訳は非常に盛んになり、この学はイスラム科学の中で最も栄えたといってもよい。アラビア世界では、医学者はすこぶる優遇され、王者たちによっての奨励もあり、最もすぐれた報酬をもらい、教王の侍医などの生涯はまったく豪勢をきわめたといわれる。しかし、人体解剖や動物解剖は、イスラム教義の立場から認められなかったので、医学の発達にかなりの限界も生じた。もちろん医学も、翻訳からはじまっている。多くの学者が、ギリシア医学の本尊ヒポクラテスやガレノス（129-216）の医学書を次々と翻訳し、さらにディオスコリデス（紀元五〇年ごろ活躍）の薬物書の翻訳を行った。フナインのこの翻訳は入念に行われ、これをもとにしてアラビア医学が基礎づけられた。

これにさらにペルシアやインドの医学が加わった。ペルシアには、すでにイスラム国家興隆以前に、インドの医学書『ス

病院では多くの病人が医師の診察を受けた（1280年のアラビア語写本より）。

スルタ』などが入ってきていた。医学の新興はめざましく、九世紀はじめには、首都バグダードにペルシア形式のイスラム世界最初の病院が建てられ、またまもなく三十四の病院が次々と建てられた。開業医資格試験が行われたり、また世界最初の薬局があらわれたのも、バグダードにおいてであるといわれている。あとにのべる哲学者イブン・シーナー（アヴィセンナ）は有名な医者でもあり、その主著『医学典範』は、ヨーロッパ世界に広く知られ、すべて主として技術的な方面の発達であったとみられる。しかし医道としてのヒューマニスティックな面は、コーランの影響もあり、かなり重視されたことも事実である。が、とにかくこれらの学問の技術的な方面に払われたアラビア人の努力は、すべて実利的な性格を多くもつものであった。

以上のほか博物学、地理学、機械学などもあるが、おしなべてアラビアの学者には百科全書的な人が多く、いろいろな方面に手を伸ばして種々の研究を多方面にしたことが、注目されなければならない。

## 第三節　アラビア錬金術

さきの『科学の鍵』にもあるように、錬金術も外来の科学である。アラビア人たちがシリアや地中海南岸のアレクサンドリアを中心とするすぐれたヘレニズム文化圏を征服したとき、いろんな面に非常に興味をもった。なかでも錬金術は彼らの心をとらえた。すでにシリアでは、錬金術が相当盛んであった。ウマイア朝の王子ハーリド・イブン・ヤジィード・イブン・ムアーウィア（707/8†）は、非常に学問を愛し、アレクサンドリアのマリ

كتب القانون في الطب
لابو علي الشيخ الرئيس
ابن سينا
مع بعض تآليفه وهو علم المنطق وعلم الطبيعي
وعلم الكلام

ROMAE,
In Typographia Medicea.
M.D.XCIII.

『医学典範』のアラビア語原文の扉（1593年）。

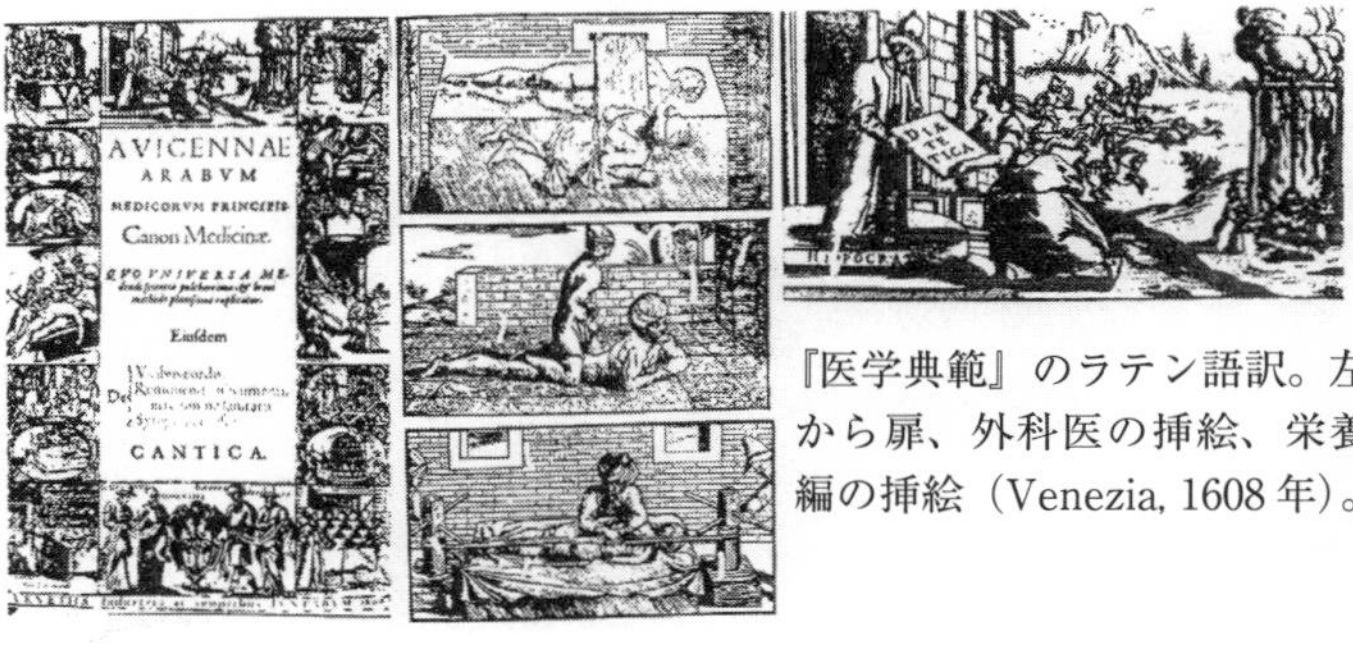


『医学典範』のラテン語訳。左から扉、外科医の挿絵、栄養編の挿絵（Venezia, 1608年）。

エノス（七世紀後半活躍）から錬金術を学んだといわれるが、このマリエノスはシリア人であった、ということである。この人は、アレクサンドリアの錬金術哲学者ステパノス（七世紀前半活躍）の弟子であったといわれる。彼においては、実験的態度は失われなかったけれども、かなり思弁的で、実験室で得られたデータをもとにして金属の変成から人間の魂の変成、復活力というように、宗教教義・哲学教説の一部として、あるいはピタゴラス的に肉体と魂、さらには天体との調和思想にまで、いろいろの発展をみせた。そしてますます神秘的に思弁的になっていった。例えば、キリスト教のグノーシス派では神秘的な入社式とか、神秘的なシンボリックな記号を用いた。自分の尾をのみ混んでいる蛇とか、太陽・月など天体の記号、宝石のお守りなど、イスラムの神秘家の中で、スーフィズム（禁欲・神秘主義的傾向のあるイスラム教の一派）などの教義に、これらの象徴的記号がとり入れられている。しかしこの傾向に対して、また古くから実験錬金術があり、これはアラビアでますます興味をもって研究された。実際的技術面でのアラビアの貢献はここで

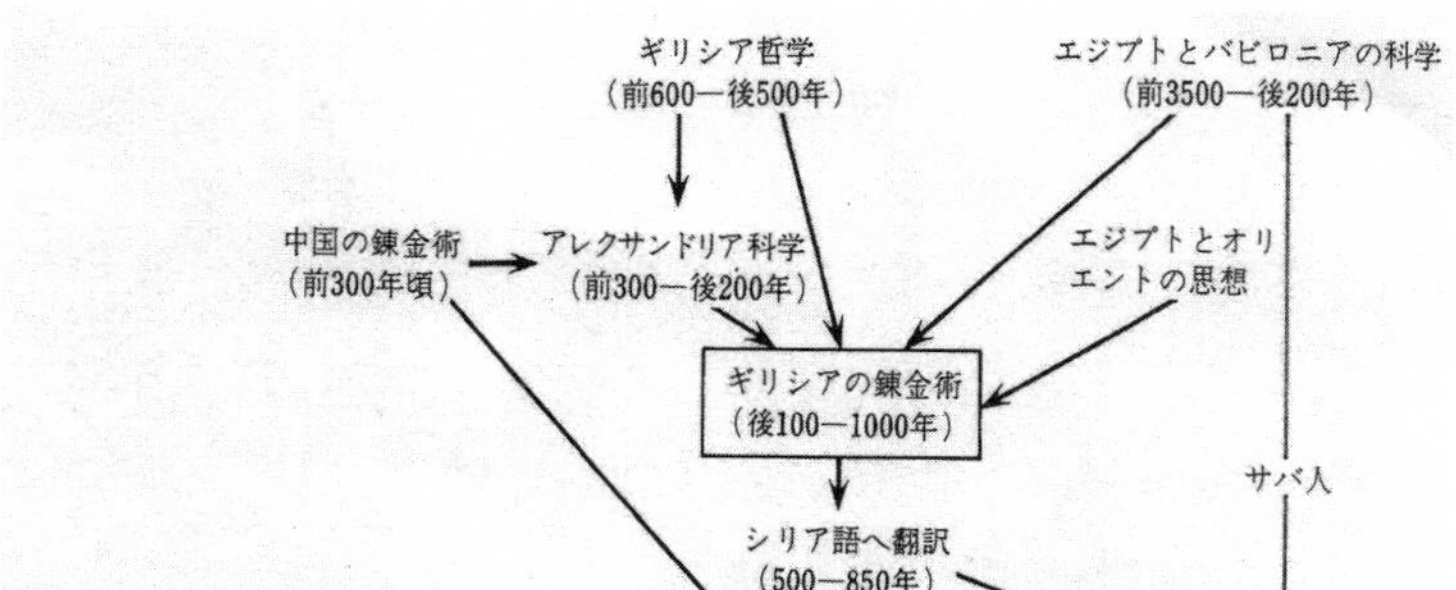

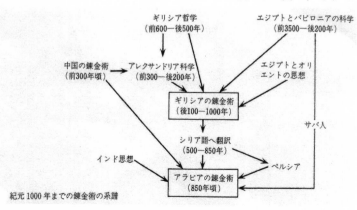


紀元1000年頃までの錬金術の系譜（平田寛著『図説科学・技術の歴史』より）

も光っていた。

ヨーロッパ世界ではゲーベル（ジャービルのラテン化名）としてその名を知られているアブー・ムーサー・ジャービル・イブン・ハイヤーン・アル・アズディー（八世紀後半活躍）はかなり神秘的伝説的な存在であるが、その著述には『濃化の書』、『東方の水銀の書』、その他『慈悲の書』、『王国の書』など十二〜十三世紀に出たラテン語本があるが、ゲーベル以外のものも多くこの中に含まれているようである。ゲーベル自身は、実際ラテン世界で考えられている以上に化学者的で、化学薬品は通約可能な測定可能なものとして、彼が定量化学の要素を導入している点が注目されている。ゲーベルの書に『東方の水銀の書』というのがあるが、これには中国やインドの考え方がアレクサンドリア錬金術にもちこまれている、といわれる。

ゲーベルの考えとしてつたわっている三種の物質は、一つが揮発性のもの、二つ目が金属、三つ目が固体一般となっているが、これらをさらにその奥ですべて（統括して）いるものが水銀と硫黄であ

ゲーベルとみられるジャービル・イブン・ハイヤーン。

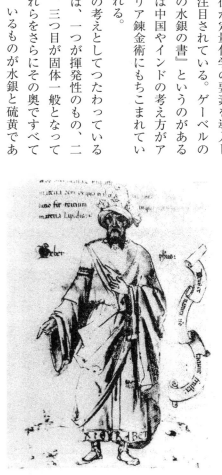

る、という。こういう考えは、ルネサンス期に出たスイスの医学者パラケルスス（1493-1541）にもほとんどそのまま受け継がれた。その硫黄と水銀の赤色化合物は辰砂である。この辰砂は血の色をもつものとして中国の錬金術でも重要であった。

また、現実的な中国人の不老長寿薬の丸薬製造にあたって重要なのが、「生きている金属」といわれる変成自在の水銀であったことも興味深い。変成のシンボルともいわれる水銀は、中国思想の神秘的な死の概念にとけこんで、この丸薬製造のいわば女王であった。水銀は変じて（蒸）気となり、いろいろの霊妙さをあらわす。しかし幾人の野心家・金満家が、この水銀の毒にあてられて昇天したことであろうか。

ところでまた、この変成の妙味は、アリストテレスの理論体系に根ざしたアレクサンドリア錬金術と融合して、アラビア語でいう〝al-iksir〟「錬金の妙薬」作りに人びとを奔走させた。アリストテレスのとり入れた四元素（土・水・火・風）のもとになる重要な性質は、乾・湿・温・寒であり、この四つの性質が基本になって、とりもなおさず物質の四元素ができるのである。アリストテレスはこの性質を重要視した。これは、古代ギリシアの自然哲学者・エンペドクレスの元素説のところで触れたものである。例えば、乾にして温は火、湿にして寒は水という具合である。それ自身は中立的なものが乾とか温という性質を吸収することによって、特定の火という元素になるという考え方から、アリストテレスの「性質」は次第に、中性的基体に作用する物質の特性となり、これが金属や宝石の変成力としての「精気」へとかわっていった。

そしてこの精気は揮発性物質のうちの申し分のない具現物質である水銀・硫黄ということになり、金属の可逆性と可燃性は水銀に、可燃性と酸化は硫黄によるもの、とした。当時知られていた六つの金属も、この水銀と硫黄の割合によって、いろいろのちがいができてくるのであるが、金属を変成させるのは、さきほどのべた変成の権化である水銀であった。この霊妙物質がさきの al-iksir（英語で elixir となる）、いわゆる「賢者の石」であり、辰砂をもとにしてつくられた。

アラビアの有名な錬金術詩の中にも、

　水銀の中に秘密がある。

とか、ものの説話に、

　冷にして温である純粋な精霊。

としてすべてのものの中へいりこみ、

　すべての物体（金属）を高める。だからそれが任意の
金属とまじるとそれをいきいきとさせ、美しくし、それ

硫黄と水銀が両側に立っている。上方に太陽と月。その間の人物は六つの卑金属（中間の小人）を指す。

をまぜるか結合させると、金属をある状態へ、一つの色から他の色へ変えさせる。それはその金属の酵素となるであろう。さらにそれは白や赤のためのエリクシルとなるであろう。

と記されている。貴金属や宝石が尊ばれた世の中にあって、この錬金術は、もちろん鉛のような非金属から、金のような貴金属をつくる目標がもたれたのは当然であった。しかし、合理的に考える者たちの間では、これは批判された。彼らの研究は、土・水・火・風のいろんな性質をさらに細かく調べ、これらの元素の割合を分析測定しようとする地味なもので、ひろい意味の化学知識の集積に大いに役立つものであった。この方面では、アブー・バクル・ムハンマド・イブン・ザカリーアー・ア・ラージー（ラーゼス、865-925）が知られている。彼は医学者であり、化学者であった。しかし定量分析的方法は、アラビアでは大成しなかった。これもまたヨーロッパにもちこまれて大成した。かつてのオリエントの単なる技術または神話的神秘的なものを、学的体系原理へと昇華し結晶した古代イオニアのギリシア人たちのように、ヨーロッパ人たちによって、アラビア錬金術は近代化学として体系づけられるのである。

アラビア錬金術をあらわすアル・キーミャーは、アラビア語の冠詞「アル」をとり除かれるとともに、その単なる技術、または神秘な要素をかなぐり捨てさせられて、キーミャーとなった。すなわち、現在のケミー、ケミストリーとなった。これはあのイギリスの近世の化学者ボイルの発案であるが、もともとアラビア語の「アル」はおそらくギリシア起源のキュメイア（合金術）という語につけられた冠詞で、このキュメイア（ケメイア）は紀元四世紀ごろに、アレクサンドリアあたりで生まれた言葉のようである。

その当時からすでに（異論はあるが）、キュメイア（ケメイア）は金銀を他の低級の金属と混ぜて人工的につくるいわゆる金工術のことを意味していた、と思われる。

## 第四節　アラビア哲学

科学技術ならいざしらず、宗教形態ならいざすらず、哲学というものは、そうした個々の技術や学を組織づけ、内奥において統一する真の総合的巨大な人間の知恵であらねばならない、という学への熱烈な覇気が、ギリシアにはあった。しかし宗教の情熱が政治・経済上の実利思想と結びつき、版図をひろげたアラビア世界では、独自の深い哲学思想が、ギリシア思想以上に芽生え生長する土壌は恵まれていなかった、とみてよい。技術には発展改良ということがある。

ア・ラージーの木版画

しかし独自の哲学という地盤は別である。特に哲学体系については、すでにプラトンやアリストテレスによって比類のない体系ができてしまっている場合は、なおさらであった。よほどの深い内面の発酵が長い歴史の中でもたれないかぎり、独自の形成は難しい道理であった。キリスト教がギリシア哲学に対して挑戦したときの、きびしい独立と、キリスト教独自のはげしい戦闘精神とはちがって、イスラム教は、ギリシア哲学に真っ向から立ち向かうには、あまりにも現世的でありすぎた。だから、キリスト教とギリシア哲学から長い間かかって生み出された独自のヨーロッパ中世・近代哲学体系のようなものを、アラビア世界でつくりあげることはできなかった、とみてよいであろう。

外来哲学をどのようにすんなり受け入れていったかは、次の物語がその性格を象徴的に語ってくれるであろう。アラビア帝国の中でも最も有力な王朝、アッバース朝最大の教王といわれるアブダルラーフ・アル・マムーン（八一三〜八三三在位）が、ある夜アリストテレスの夢をみた、という話である。賢者アリストテレスが王座についているのをみて、マムーンが質問するくだりである。世に比類なき現生の君主が、哲学においてアリストテレスを王座につかせたこと、そして夢さめてアル・マムーンはただちに使者をビザンティン皇帝のところへ遣わして、アリストテレスを中心とする古代ギリシアの資料を集めさせた、という点が注目される。決して独自の学問ではないのである。またそれがアラビアの夜の夢物語として語られているところに、いかにもこの国らしい性格があらわれていると思う。が、その宗教をみても、キリスト教のようにキリストを神とすることはない。マホメットは唯一神の一預言者なのである。その現実的折衷性というか合理性というか、至って俗受けも理解もされやすいが、キリスト教的内面の深さとくらべると、やはり相当劣るのではないか、と思われる。

それはそれとして、この世の哲学の王者はとにかくアリストテレスなのである。しかもそのアリストテレスが、新プラトン主義的な神秘的哲学者のアリストテレスなのである。しかも純粋なアラビア族の出身であった最初で最後の偉大な哲学者アル・キンディー（873†）は、ギリシア語を通してアラビア語に翻訳されているアリストテレス訳を使って、大小の著書をあわせると二七〇冊にものぼるというほど精力的な仕事をした人である。「アラビアの哲学者」として尊敬を集めたその彼が、新プラトン主義の代表者プロティノスの哲学をつづった『エネアデス』の諸章を、『アリストテレス神学』という表題で公刊する、という始末だったのである。

ところで哲学をあらわすアラビア語「ファルサーファ」はもちろんギリシア語の「ピロソピア」（フィロソフィア）からきているが、また哲学者を意味する「ファイラスーフ」（またはフィーラスーフ）が、よく「アリストテレス」その人を指す言葉であったほどである。ここに権威主義がみられる。アラビア人が征服した地域がギリシア文化圏であったことから、他を説服するには、当然その言葉の武器が必要である。アリストテレスがプラトンなどより尊重されたのも、それのもつ現実的な論理学と形而上学が、イスラム教以外の宗教の信者層、いわゆる異教人たちと戦うのに、非常に役立つ武器だったからであろう。これは現実的なアラビア人の性格にまたよくマッチしていた。これはまた幸

アル・キンディー

運でもあった。というのは、アラビア人によって征服されたときのシリア人たちは、アリストテレスを奉じていたからである。

キリストの神性・人間性の問題で二つのペルソナを主張したネストリウス（コンスタンティノープルの総大司教）が異端者として断罪されたが（四三一年）、この宗派はネストリウス派としてシリアに断然たる地盤をもっており、後には中国にまでおよんだもの（中国ではこれを景教と呼んでいる）である。キリスト教に改宗したシリア人たちは、ギリシア語に通じ、また大のアリストテレス讃美者であったことから、カトリック教の正統派に喜ばれていたプラトンよりも、ずっとアリストテレスのほうが喜ばれたのである。ところでアラビア圏にギリシアの学問を植えつけるのに、実際にはシリア人だとかユダヤ人だとか（同じセム人種ではあるが）の力が大きかったことは、注目すべきことである。

アリストテレスは、このようにまず何よりも哲学のゆるがぬ「第一の師匠」であった。そしてさきほどのべたアラビア生粋の哲学者アル・キンディーによって、哲学は九世紀はじめ基礎がおかれた。次には十世紀にトルキスタン生まれのトルコ人でアラビアでは「第二の師匠」と呼ばれているアル・ファーラービー（950†）が出た。彼はバグダードに長く住んでいた。そしてアル・キンディーによってはじめられていたイスラム教神学の哲学的基礎づけの問題にとりくんだ。アル・

アル・ファーラービー

ファーラービーも新プラトン主義的で、流出説をとっている。根源的本質というものはいわば神で、自らの存在のために他を必要としないで、他にとっては、これが一切の原因となるものであるが、これから知性精神（理性）が出、この知性精神から霊魂が、次に物質が生ずる、というのである。しかし、ヨーロッパでアヴィセンナとして知られるイブン・シーナー（980-1037）はペルシア人であり、「第三の師匠」といわれた。そしてこのころに、アラビアの哲学は頂点を形成した。アル・キンディーといい、アル・ファーラービーといい、このイブン・シーナーといい、当時の哲学者たちは、ほとんどすべて百科全書的で、法学・医学・数学・占星術などの万学の素養があった、といわれる。中でもアヴィセンナの医学上の主著は、さきにものべたように有名で、ラテン世界に広く普及した。彼の哲学になると、だんだん新プラトン主義からアリストテレス的になっているのがわかる。

すでにこの当時はアラビア的スコラ哲学がきずきあげられていた。このとき問題となったのも、キリスト教のスコラ哲学の場合と同じように、普遍の問題であった。普遍すなわち類は、

学生に囲まれているイブン・シーナー（14 世紀のペルシア）。

神の知性の中に前もってあるかぎりでは、諸々の被造物（事物）よりも先行するが（人間をつくるときに、神は「人間」というエイドスまたはイデアをすでに知性の中にもっていて創るのである）、また事物の中にもあるのである。すなわち、人間が創造されるとき、その人間の中には人間性という普遍（類）が、おのおのの人間という事物の中に存在するのである。さらにまた、普遍は、われわれの思惟においては、事物に後行するのである。すなわち、個々の人間をみて、その類似性から「人間」という一般概念を得るのであるから。

こんなふうに普遍の問題が論ぜられ定式化されたが、このアヴィセンナと並んでヨーロッパに名高いアリストテレス学者イブン・ルシュド（ラテン名でアヴェロエス、1126-1198）がいることを忘れてはならない。彼は東のアヴィセンナに対し西のアヴェロエスというように対置される人で、生地もスペインのコルドヴァで、同じコルドヴァ生まれのアブー・イムラーン・ムーサー・イブン・マイムーン（ラテン名はマイモニデス、1148/9-1204）と並んで有名な哲学者・医者であった。ときの西の教王にかわいがられ、その侍医としても、また思想家としても重宝された。彼のアリストテレス崇拝が、あたかも神に対するがごとくで、その傾倒ぶ

イブン・ルシュドの素描（ラファエロによる）

りはすばらしく、真理の具現者アリストテレス哲学の注解においては特にときの全世界に冠絶していた。彼は新プラトン主義的でないアリストテレス像を描くことに精出した。

十三世紀にヨーロッパで、アリストテレスがカトリック神学の中で主導権をにぎったとき、アヴェロエスは「注解者」(Commentator《コンメンタートル》)の代名詞となったほどで、ラテン語に翻訳されて盛んに読まれた。ヨーロッパがギリシアの多くの失われた遺産を学ぶのは、これらアラビア世界を通してが圧倒的で、この世界の人間歴史上に果たすその意義は大いなるものがあった。その中でも、アヴェロエスは、アリストテレス哲学啓蒙の第一人者であった、といえよう。彼はアヴィセンナの仕事をたくさん受け継いでいる。

彼はマホメット教がすべての宗教のうちで最高のものであることを認めたが、宗教は哲学の真理を象徴的にあらわすものであり、大衆にはただ信仰を通じてコーランの真理が示されるだけだが、哲学の必然的な純粋認識性をもって、全き真実の姿においての認識に至らしめるのは、哲学をおいてほかにはないのだと説いた。哲学的真理は少数の達観者にのみ全き姿で与えられ、多くの者には啓示として真理が示されるだけだという。哲学説では大体においてアヴィセンナ的である。が、質料と形相において、質料が形相を受容する単なる受動態ではなく、むしろ一切の形相を潜在的に萌芽的に有るものとして、その潜在力をひき出すのが創造である、と説いた。

この一元論は、質料をこのように考えることによって、受動理性の代わりに質料理性の考えへと至らしめた。これは能動理性にまだ至らないものであるが、普遍理性の一つの相で、この質料理性も普遍で不死である、とした。しかし不滅性は個々人にあるのではなく、これら普遍な不死の理性の照明によって不死性を得るのである。死に際しては、すべての個々の人格は滅びるが、全個々に分散されて真理照明に向かわしめた共通の理性は、再び非人格的理性に帰入して、永遠に存続するのだ、という霊魂の不滅説を説いた。

ところでアヴェロエスのさきほどのアラビア神学の哲学的基礎づけの問題は、当然イスラム教正統派の人びとの反対を受けた。アヴェロエスは官位を奪われ、流刑に処せられることになる。古代人の哲学を信仰よりも優先するといって断罪されたのは、どこの国にもある宗教と哲学の相克であるが、アル・マンスール王は、信仰の助けによらないで理性が真理を見出す、と考える者たちを、地獄の業火によって断罪されるものとし、これらに関する書物を火中に投じてしまった、といわれている。こんなこともあって精神活動は衰微し、まもなくスペインにおけるアラビア人の領域も、キリスト教徒たちに圧迫され、硬化衰退の一途をたどる。アラビア哲学ももちろんアヴェロエス追放とともに息の根をとめられてしまった観があるのである。

## 第五節　アラビアのヨーロッパへの影響

キリスト教のだんだんと高まる異教との戦い、その神国思想による現世的なものへの蔑視などから、現世の利益につながるような「もの」の研究は、極度に貧困にされた。キリスト教顕示に必要なかぎりの学問、例えば天文学などは、ギリシアのものが利用されたが、一度採用されるとそれは大変な宗教的権威として、他のあらゆる自由な研究を圧殺するような作用をしばしば繰り返した。こんなわけで、妥協を許さないきびしいキリスト教義の確立とともに、異端と断罪されたり、異端的とみなされた者たちは、圧殺されてしまうか、自由を求めてどこかへおちのびてゆかねばならなかった。しかし、この異端迫害の嵐が吹きすさんだおかげで、かえって東方の土壌は、知的精神的に豊かにされた。西洋は一方、だんだん不毛になっていく傾向を、覆い隠すことはできなかった。

ネストリウスの迫害に端を発してギリシアの学問がシリアに移植されたことは前にも話したが、エデッサ、ニシビス、ガディサポラなどの学校では、割合自由に教父の神学と並んでギリシアの哲学・数学・医学などが研究された。ガディサポラの大学などでは、皇帝ユスティニアヌスにより閉鎖されたアテネ学校から追われた異教徒の哲学者たち、例えばアリストテレスの注解者シンプリキオス（549†）や新プラトン主義のダマスキオス（458-533）がいて、ギリシア文化の普及を行っていた。ギリシア語はまずシリア語に翻訳された。これがまた、現実的で宗教的にも割合寛容であったアラビア世界に吸収された。このシリアの媒介が主となって、ギリシアの学問は、俄然その美しくも霊妙な花をアラビア世界に咲かせたのである。このアラビアという異郷に、その豊かな富をもって守られた科学の女王ともいうべき精は、のちその本来の国（ヨーロッパ）に再び花を咲かせるのである。しかし、この本来の国は、かなり長い間冬眠状態にあり、不毛な土地が広がったままであった。

ヨーロッパに現世的関心が高まり、富も増大して、失われた土地に実りを求めるエネルギーがうつぼつと勃興しはじめるのは、五〇〇年ほども遅れた十一世紀以後であった。しかし、それまでもごく徐々にその精力が回復しかけていた。そうしたところへ、十字軍の遠征というような大刺激が与えられた。これで励起された各要素のエネルギーは、一段と急速に熱気を増してきたのである。いわばそれまでは飢えていたのである。

ギリシアと野生のアラビアを結びつけたのが、中継点のシリアでありエジプトであったとすれば、このいったん富み栄えた今や没落に向かわんとしていたアラビア世界をヨーロッパにつないだ土地は、一つにシチリア島を中心とするイタリア圏、二つにスペイン、三つに東ローマ帝国領であった。その焦点を求めれば、シチリア島のパレルモ都市や、スペインのトレド、東ローマ帝国のビザンティン（コンスタンティノープル）都市などであった。しかも、アラビアの場合がギリシア語からの（主としてシリア語を通しての）翻訳によったように、ヨーロッパ世界も、アラビア語からのラテン語への翻訳によった。直接ギリシア語原典からの翻訳を求める声もあったが、これが盛んになるのは、数世紀遅れてからであった。

ところで、さきにあげた重要な三つの接点のうち、シチリアについては、すでにここが八世紀にアラビア支配におかれたことから、最も早くて近い接触地点になった。シチリアは、古代にすでにギリシアの植民地化を受け、すでにエンペドクレスなどの有名な自然哲学者を出しているほどのギリシア的伝統の強いところであった。またのちには、ローマ帝国領としてもちろんローマ文化要素を多く注入された。それにまたアラブの文化要素が付け加わったのだから、ここではまさに豊かな多くの文化の混淆が行われたというべきであろう。いわばここは豊饒の土地であった。

こういうところであったからこそ、また一時は海賊行為をもって名を鳴らしたノルマン人によっても占領され、その宮廷が繁栄したところでもあった。そういうときは、キリスト教徒の学者もアラビアの学者もともに召し抱えられていた。この島では、いろんな人が中継点を利用して集まり、国際色豊かで、アラビア語・ギリシア語・ラテン語などが日常語として話された。シチリア島の港湾都市を中心に、南西対岸にカルタゴ、北にはサレルノ、ナポリなどの繁栄に向かうイタリアの都市がひかえていた。こういう町々はいわば精神的にも物質的にも豊かになろうとしていたし、いろいろな面で飢えてもいた。

だから、すでに豊かになっていたアラビア科学は、水が低きにつくように十一〜十二世紀はどんどんとアラビア語からラテン語に翻訳されていった。コンスタンティヌス・アフリカヌス（十一世紀活躍）はカルタゴ人であったが、この翻訳で名を最初に知られた人である。彼はサレルノに一時とどまっていた。ギリシアの医聖ヒポクラテスの医学書は、ここで早速ラテン語に翻訳された。サレルノの医学校はヨーロッパ医学教育の発祥地ともいわれる南イタリアの町であるが、十字軍兵士の医療にも当った有名なところである。アラビアの医学書は、またシチリアの

講義するアフリカヌス。

ユダヤ人医者によってラテン語に訳された。アッ・ラージーの重要な医学書の翻訳である。

次にスペインでは、その中心はトレドであった。ここはもともとラテン文化に洗礼されていたところである。そこへアラビア人たちの侵略を受けた。のちここへはまた、キリスト教徒たちの失地回復の十字軍がおこされ、ここのアラビア領地はどんどんキリスト教徒たちによって征服された。しかしそこに残されたアラビアの学問はかえってむさぼるように求められ、トレドには翻訳のための学校まで建てられ、翻訳事業が大いに奨励されるという有様であった。

ヨーロッパ人たちの知への愛求、その復活は著しいものがあった。イギリス人のロバートはスペインで活躍し、アル・フワーリズミーの代数学の翻訳をしたことで有名である。しかし、何といってもクレモナ生まれのイタリア人・ジェラルド（1114-1187）の翻訳は、哲学から医学・数学・天文学などにわたって輝かしい業績をあげた。アリストテレスの多くの著書や、その注釈書などにまでわたる翻訳、数学ではユークリッドの幾何学、アルキメデスの円の測定、アポロニウスの円錐論、天文ではプトレマイオスの『アルマゲスト』などはもちろんのこと、アラビア人自身の書いたこの方面の著書や医学書のラテン語への翻訳がなされた。アッ・ラージー、イブン・シーナー、アル・キンディーなどの医学書をはじめとして、多くの医学者のものが含まれている。さらに医学のほか、占星術や錬金術関係のものも若干あった。こういうことを通して、アラビアの文献は大量にヨーロッパ世界に紹介され、吸収された。ジェラルドはたまたまプトレマイオスの本を読みたいと思ったが、そのラテン語訳はなく、そのためトレドへ行ってアラビア語を勉強し、この大事業をやるようになった人である。彼の協力者は、もちろん数多くいたにちがいない。ジェラルドの事業は、翻訳事業の頂点ともいうべきものであるが、このほか名高い多くの翻訳者が輩出した。

しかし、ここで、さらに第三の接触点としてのコンスタンティノープルをあげておかねばならない。ビザンティンはギリシア名であるが、ここを首都とするビザンティウム帝国（東ローマ帝国）は、ギリシア系の学問を何とか保存したことでその重要な意味をもっているが、しかしここでは、学問への新しい情熱はもはやあまり燃えなかった。いろいろの試練は受けたが、西が受けたほどの精神的地殻の大変動を受けなかったからであるというべきであろうか。このコンスタンティノープルが、十字軍遠征のとき、たまたま第四次のとき、後にものべるように、ヴェネチア商人の策略によって、十字軍を送りこまれ、ここを占拠されるという事態を招いたことがある。ここに東ローマならぬ西ローマ支配の国をつくるにおよんで、たまたまここにあったアリストテレスの原典が西ヨーロッパにもちこまれ、ラテン語に翻訳されるということがおこった。しかしこれは、結局一四五三年のトルコ軍占領によるギリシア学者の大量イタリア避難のときのような大きな反響は、とてもおこりそうになかった。イタリアはまだそこまでは成熟する文化的に豊かな地盤をもってはいなかったのである。

ところで十字軍運動がとりもつ縁で、異教の物質文明に接したこと、またアラビアを野蛮国と思っていたのは大きなまちがいで、かえって異教国のきわめて礼儀正しい精神文化に触れたことなどは、たしかに井の中の蛙的存在だったラテン世界に非常な驚きを与えた。ヨーロッパ世界の封建の夢を打ち破る大きな起爆剤となる火薬・印刷術・羅針盤などが、どのようにしてラテン世界に知られるに至ったか、詳しい事情はわからないけれども、中国人がすでに発見していたこれらのものを、アラビア人の中継によって、ラテン世界が何らか知るに至ったようで、これについてはすでにまえにのべたとおりである。

# 第五章　中世封建社会の崩壊

## 第一節　十字軍遠征

さきにも引用したことのある『ローマ帝国衰亡史』の著者ギボンは、その第九巻・五八章で十字軍遠征に触れて、次のようにいっている。

法王グレゴリウス七世の豪快な精神は、これよりさきすでにアジア征服のためにヨーロッパを武装させる理想を抱いていたのであった。彼の宗教的情熱と覇気との余燼は今なお彼の信書に生きている。アルプスの南北両方面からは五万の正教徒が聖ペテロの軍旗のもとに編入されていた。そしてこの法王は自ら全軍の先頭に立ってマホメットの邪教徒を討伐しようとの計画をもらしている。

と。もうここには貧しい清い心のキリスト者精神を私たちは見ることができない。「頰を打つものには、ほかの頰をも差し出して打たせる」というキリストの心はすでになく、「目には目を、歯には歯を」というかつてのメソポタミア帝国主義帝王の復讐の念がむらむらとおこっているのをただ見るだけである。

ローマ帝国の亡霊がグレゴリウス法王にのりうつっているのである。

われわれは前から次のような事実をみてきた。すなわち、帝国主義の野望は、それがどんな美名のもとにおこなわれようとも、やがてはそれはすぐ没落の運命をたどるのだと。たしかにローマ・カトリック教会は、こういう帝国主義の野望を抱き、それを実行し、その結果法王権は最高潮に達するとみるがはやいか、まもなく衰退の運命にさらされた。ローマ・カトリックのおごりたかぶりに弔鐘を鳴らしたものこそは、ほかならぬこの十字軍遠征であったのである。

しかもまたこれは、熱狂的な一修道僧の無学な説教によって鼓吹されたのが、そのきっかけであった。この間の事情をギボンは同じ章で次のようにのべた。

トルコ人がエルサレムを略取してから約二十年後、フランスのピカルディ州アミアンの住人ペトルスという一道者が、キリストの聖墓に参詣した。この人物は自分自身の受けた侮辱やキリスト教徒の名前に与えられる圧迫によって、大いに憤怒と同情をそそられた。彼はエルサレムの教長とともに悲憤の涙を流して、東帝国のギリシア皇帝から救援を得る望みがまったくないかどうかを熱心にたずねた。教長はコンスタンティヌスの後継者らの悪徳と微力とを詳細に説明した。そこでこの道者は絶叫した、「私は貴方のためにヨーロッパの武勇の諸国民を蹶起《けっき》させましょう」と。そしてヨーロッパは彼の勧告に従った。エルサレムの教長は彼が出発するときに信任状や哀訴状を彼に託した。こうしてペトルスはバーリ（アドリア海に面した南イタリアの都市）に上陸するやいなやすぐにローマ法王のもとに急いだ。

法王は、「好機至れり」とばかり、帝国主義的野心から、ついに十字軍をおこす決心をしたのである。しかし聖なる十字軍などというのは名ばかり、その中味は、まことにまちがった法王の政治権力の伸張がその主な目的であった、と思われる。たしかに、信仰の中心としての聖地エルサレムが、無法者によって破壊されていることを座視することは忍びない、という心情は、法王として当然であったかもしれない。しかし現世の政策にあけくれる当時の法王の胸中には、このときこそ法王権伸張の絶好の機会とうつったにちがいない。彼は、自分の主導力によって内憂を外患によって停止させるべく、キリスト教徒同士の戦いを止めて、不信者・異教者の手から聖墓をとりかえすように、熱烈に説教したのである（一〇九五年）。この法王の訴えと大衆宣伝家たちの努力が結び、西方世界には十字軍遠征の熱狂的運動が、各地に爆発的におこった。

すでに教会は、人間の罪深い性格を利用していろいろの刑罰を授けていた。禁欲生活に徹して罪を許されようとしたけな気《げ》なものもいたし、修道院はそれでにぎわいもし、修道僧はそれで人から尊敬も受け、自己満足もしていたが、教会は、いやましにつのる富と権力への執念から、信者の罪のつぐないとして、多額の金銭を支払わせるようにした。富力のある者たちは、こうして、その金銀をまきあげられ、土地をまきあげられていった。しかし、金や財力のないものはどうであるのか。彼らには笞《むち》打ちの苦行やそれに類するいろいろの苦行が要求された。こうしてやせほそるものはますますやせほそっていったが、その反面、精神はますます研ぎ澄まされ、無知蒙昧のために、想像力だけが奇怪な狂信へと駆り立てられていく傾向が強まっていった。信仰のきわめておそるべき硬直化が、極限にまで達しようとしていたのである。こういうときを法王は逃さず利用したのである。

グレゴリウスをかついで十字軍遠征への指揮をとった法王ウルバヌスは、ふところ手で、決して自らは陣頭に立つことはなく、うまい甘言を弄して多数の無知なる者たちを前面におしたてたのである。この間の事情を、ギボンはさきの本の五十八章で皮肉に次のようにのべている。

クレルモンの宗教会議で、法王ウルバヌスは十字軍に応募する人びとに対して罪障消滅の特赦を宣言した。つまり、この従軍によって各従軍者は一切の罪を赦免されたのである。……盗賊・放火者・殺人者などの数千の群は、その牧者の声に応じてめいめいの霊魂の救いのために猛然として立ったのであるが、それは彼らがすでに同胞キリスト教徒に対して演じたのと同じ犯罪行為を、異教徒に対して再演すればよいのであった。したがって、この贖罪の条件は、あらゆる階級・あらゆる部族の犯罪者どもが先を争って熱狂的に奉戴した。一人として清浄無垢な者はいなかった。一人として肉体の罪および精神の罪から免れた者はいなかった。……もし彼らが戦死すれば、ラテンの僧職団の精神は殉教者の栄冠をもって、彼らの墓を飾ることに躊躇しないのであった。……エホバの雲の峰や火の柱は、かつてイスラエルの人びとを導いて、その約束の地に進軍せしめた。であるから、キリスト教徒らは、さらにもっと正当な理由から、自分たちの渡過のためには諸大河も水を止め、いかに堅固な城壁も自分たちのラッパの響きでひとりでに崩れ落ち、異宗徒らを撲滅するためには、太陽もその運行の道程を止めて、自分たちに十分の時間を与えてくれるであろう、と期待したとしても無理であったろうか。

と。しかし事実はどうであったか。こういうふうに法王おん自らによってけしかけられ、高まる奇怪な想像力で膨らんだヤクザたちの前途には一体何が待ち受けていたであろうか。とにもかくにも熱狂的な烏合の衆は、すぐにも「民衆十字軍」をつくり、遠路はるばる敵地へと突進していった（一〇九六年）。フランスから中央ヨーロッパを通って聖地へ向かったが、ハンガリアでは早速かぎりない蛮行を働き、その後もむやみやたらに暴れまわり、結局聖地に着くずっと手前の方でトルコ軍の策略にかかり皆殺しの憂き目にあったのである。おこるべき奇蹟はまったくおこらず、当たり前のことがおきて、数十万の骨は小アジアの塵芥と化した。

翌一〇九七年には本隊が組織され、二年後には苦労のはてについにエルサレム奪還を果たした。しかし、とにかく聖戦とはいえ、虐殺に次ぐ虐殺、狂気のたけり狂う宗教戦争の矛盾をいかんなくあらわにした。勇躍組織されては、あえぎあえぎ進軍しては、ほとんど何の望みも達せず僻地にうもれる者、帰る者が続出した。第一次遠征が終わったのち、またしてもトルコ人たちによってエルサレム王国が侵略され、第二次十字軍（一一四七〜一一四九年）が組織されたが、こうして第七次十字軍（一二七九年）まで、二〇〇年近くも断続的に聖地回復がはかられはしたが、ほとんど全部失敗に終わった。中でも協力すべき同じキリスト教圏のラテン世界とギリシア世界とがはげしく内輪もめをおこしたり、またイスラム教徒軍を刺激してキリスト教徒に対する聖戦をひきおこさせたりした。

また結局あげくのはては、第四次十字軍のごとき（一二〇二〜一二〇四年）は、トルコ軍と戦うことなど口実にすらならず、公然と東ローマ帝国のギリシア同志たちへ殴り込みをかけるという、相互むき出しの利権争いや権力争いが勃発する始末であった。当時繁栄の途上にあったヴェニス（ヴェネチア）の商業利権の猛者たちによるコンスタンティノープル襲撃事件、ラテン系皇帝の六〇年間（一二〇四～一二六一年）にわたるコンスタンティノープルの統治等々。まことに十字軍の聖戦などという言葉はきいてあきれる宗教の名を借りた利権の戦争、結局はいぎたない人間どものエゴの打ち合う修羅場でしかありえなかった。

しかし法王の主導権で進められた十字軍、しかも聖戦に身を挺する各ヨーロッパ地域の皇帝たちへの法王の支配権は、この十字軍を契機として著しくのびた。宗教戦争の名目で、そのどさくさに聖職者たちは着々と現世の利権を手中に収めていった。はじめ十字軍をおこす必要を説教して成功したウルバン二世（ウスバヌス二世）は、僧職の叙任権問題をおしすすめた。

まずはクレルモンの宗教会議で第一回十字軍遠征決議による成功を、法王権拡張の利権に結びつけた。うまく自分の利権を伸ばしながら、北イタリアやフランスの王権を手玉にとって、凱旋行列までやる始末であった。次の法王も、同じクリュニー修道院の出身で、この叙任権をフランスやイングランドで勝利し、その当時の扇動的宗教意識高揚を利用し、さらにその聖徳の現世政治への優越を旗印に進んだ。もはや聖徳キリストの教えのへりくだる徳などはまったく地に落ちた感があった。紆余曲折はあったが、特に皇帝権に対する実質的な法王権の優越性は、グレゴリウス七世のときに象徴的に印象づけられた。彼は、皇帝ハインリッヒ四世を三日三晩雪中で素足のままザンゲ服を纏わせて謝罪させ、自分にひざまづかせたのである（一〇七七年）。世にカノッサの屈辱といわれる有名な事件である。

教会はこうしてどんどん現世支配を拡大した。子供なしに死んでいく人びとは教会に土地・財産を寄進した。悔い改めた人びともそうすることが望まれた。このようにしてヨーロッパ諸国は土地の四分の一までが教会の所領となったといわれる。僧侶とは聖職者とは名ばかり、この二〇〇～三〇〇年の間に、このようなクソ坊主たちはいつも金や遺産あさりに奔走し、自分たちの利殖の勘定に胸算用したり、ザンゲと称して婦女を誘惑して甘美な愛に耽ったりするものが続出した。すでに十三世紀には、いたるところで僧侶は善人ではないという観念がひろまった。そのような腐敗を粛清すべく、いろいろの改革運動がおこりはしたが、一般の風潮は隠すべくもなかった。

泥沼に美しく咲く美しい蓮の花のように、聖ドミニクス（1170-1221）やアッシジの聖フランチェスコ（1182-1226）などの修道僧が出て、彼らは敢然とキリストにつかえる貧しい精神の乞食団を組織したが、大勢はいかんともできなかった。しかしこの乞食団の精神があったればこそ、のちのドミニクス教団、フランチェスコ教団は、ここから次代を背負う立派な精神をたくさん輩出させ、キリスト教の精神の砦をけな気に守りとおし、日々に新しい力を伸ばしていくことができたことを忘れてはならない。

ところで他方王侯たちは、本来自分たちに属し、軍事的にも経済的にも自分たちの役に立ちそれによって権力を強めるはずの土地が、次々教会の所領になっていくのを、ただ見守るだけだった。教会は、その上王侯からも徴税の免除を要求した。また教会は、俗人たちの財産に対して、王侯に収める税のほかに十分の一税を課する権利も要求した。このようにいろいろな面で、皇帝と法王は権力と利権の争いに直面せざるをえなくなった。原始キリスト教の時代の「カエサルのものはカエサルにかえせ」という俗権との分離を念じたキリストの教えは望むべくもなかった。

十字軍遠征はまた、教会の気に入らない王侯たちを、島流しにする意図をもっていることがはっきりする場合もあった。聖戦とはいえ、すべていぎたない教会の権謀術数の手中にあるの感を呈するに至っては、その精神的意義はまったく地に落ちてしまった感が深かったのである。教会が俗権を横領して腐敗していくとき、信仰生活の面で、例えばヴァルドーがイエスの素朴さに帰れと説いたとき、それが激越であったので、彼とその一派は、教会の見るも残酷な弾圧にあって火と剣の前に憤死せざるをえなかった。

僧侶裁判は、ほとんど常に俗人たちの敗訴に追いこむよう仕組まれていた。俗人はいろいろの義務を課せられた上結局泣き寝入りであったので、この押し付けられた不満、僧侶に対する嫉妬と憎悪は、キリスト教世界に隠然とした声としてわきおこる結果になった。そのようなことを知りつつも、あくなき教会の欲望の原理に従って次々に増大した。これは庶民の善美なる信仰を裏切り破壊し、ついに教会の信望はまったく地に落ちる運命をたどった。

十字軍という宗教遠征のもたらした影響はいろいろあるが、それらの個々の説明は次の第二節以下で順を追って説明していきたいと思う。

## 第二節　中世ヨーロッパの工学技術と中世都市への変革

ヨーロッパに荒れ狂っていた内部相互の抗争が、十字軍遠征という共通の目標を立てることによって、禁圧された。ヨーロッパ圏という新しいキリスト教の勢力圏がたてられたことによって、共通の外敵に強力に立ち向かうという体制がつくられた。さらには、各国の遠征軍組織づくりと、その遠征行程の各拠点拠点での宿泊、その他交通・交易からくるヨーロッパ内部の復興エネルギーと、それにともなう知的エネルギーの高揚、外国へ出かけていく者の外国知識への高まり、そこからもちかえる未知の豊富な有益な知識等々は、井の中の蛙に安住をせまられていた各階層（遠征に従事したのは下々の階層にまでおよんだ）の人びとが関与できたことだけに、全体としては非常に大きな刺激を内部に与えたのである。全国に網の目のように張り巡らされていた教会組織は、現実の経済・政治の上に自分の主導権を握ったという一つのきわめて誇らしい気持ちで、また教育の普及にもつとめた。こういうわけで、知的好奇心の爆発エネルギーは、増幅しながらヨーロッパの内にうつぼつと煮えたぎろうとしていたのである。

教会は、ずっと前から奴隷制度への非難、勤労精神の尊重などを通して、自然への働きかけ・建設作業などを着々とおしすすめていた。また一方、ローマ帝国の崩壊前後をさかいとして、激減した奴隷人口に代わって、その深刻な労働力不足を補うために、人間の生きる知恵は、中でも水力・風力を一般に利用しはじめていた。あのアレクサンドリア時代の、アルキメデスやヘロンが発明したポンプやサイフォンの機械知識も、こうしたローマの時代背景もあり、だんだんその利用の方向に向かった。水力・風力の利用というものが、特に土地環境の恵まれない北ヨーロッパに一般化するようになったとき、ヨーロッパの経済力は大変なエネルギーを獲得することになるはずである。が、それはとにかく、手職とか機械いじりがギリシア時代は特に軽蔑される傾向が強かったから、折角の発明もホモ・サピエンスのなぐさみの道具（遊び道具）でしかなかったのが、ローマ時代には、こういうものが実際に大がかりに自然に働きかけ、生産活動の大きな一翼を担うことになったのである。ローマでも、もちろん手職は軽蔑されたけれども、大規模な建築や道路や水道の構築その他の実際技術活動の機運上昇の中で、すでに紀元前後には水車を使った製粉所や揚水車の使用がますます広がる傾向が出てきていた。四世紀から五世紀にかけて、その拡がりはさらに拡大した。これは、はじめはおそらく粉ひきに利用されただけだったが、しかし、水力・風力がはっきり鉱山や塩田や冶金工業、製材などにまで利用されるようになったのは、やはりどうしても七〜八〇〇年の年月は必要だった、と思われる。

しかしその前に人間の工夫は、土地環境の悪いヨーロッパ地域で、農業を通して、余剰の富と余剰の人口をますます増大させていた。三圃式農業が八世紀に導入され、それは収穫力を一層高めた。これは従来の二圃式（耕作―休作、一年耕作したら翌年は休ませるという方法）よりも、休耕の回転が少なくて済んだ。さらにすき返しが少なく、作付面積も増大したし、品種改良も進んだ。さらに十世紀から十二

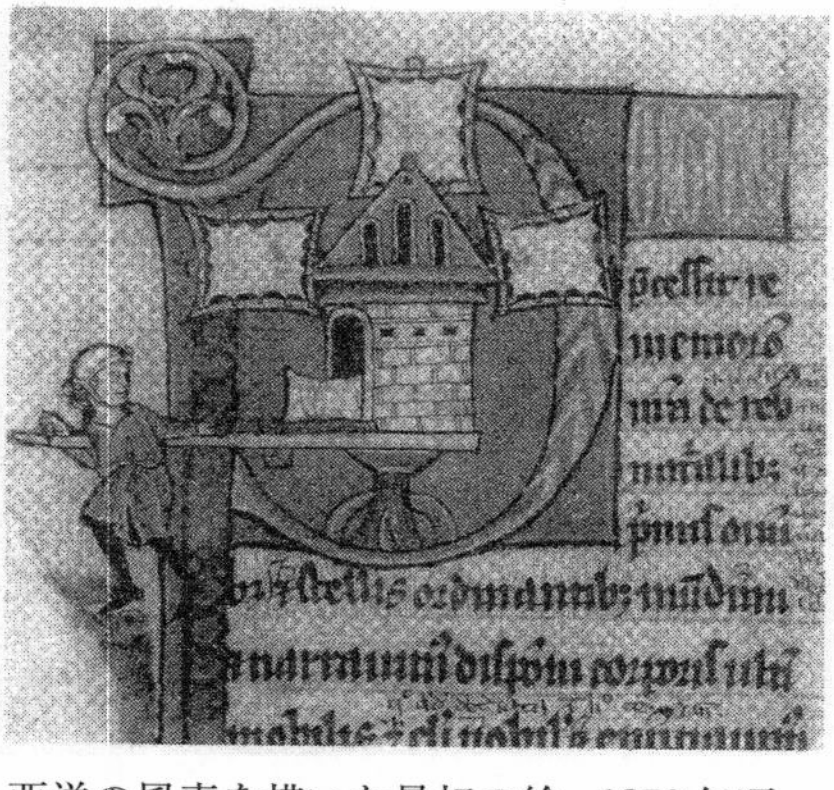

西洋の風車を描いた最初の絵。1250年頃、イギリス。風の方向に合わせて風車小屋自体を回している。

世紀にかけて馬の牽引力利用がとみに向上した。馬蹄（鉄）をつけること、輓具《ひきぐ》を従来のノドしめつけ方式から水平胸帯に改良したこと、そういうことによって、馬力という名が示すとおり、馬は中世の動力源としていろんな方面に利用された。こういうことについて、イギリスの科学者であるリリーは、その間の事情を『人類と機械の歴史』（一九四八年出版）の中で、次のようにのべている。

水、風、動物力――この三つの動力源は、ついにはじめて合理的に利用され、世界に巨大な変化をもたらした。こうなる以前、高い水準の文明は、ほんの少数者が享受しうるのみであり、しかもそれは、多数の奴隷を、作業者としてではなく、単なる動力として、エンジンとして、利用することによってのみ可能であったのである。ところが、いまや能率的となった輓具をつけて機械を駆動する一匹の馬は、奴隷十人分に相当し、優秀な水車や風車は、一つで奴隷一〇〇人に達する仕事をおこなった。アテナイは、自由人二人につき一人の奴隷をもっていた。ところがイギリスの製粉所は、すでに一〇八六年、ただそれだけで人口四人か五人かにつき奴隷一人にあたる力をあらわしていた。しかもこれは、水力の利用が充分に達していたなどとはとてもいえないころの話だったのである。だからこれらの新しい動力源こそ、奴隷制なき高い文明の出現の基礎を与えるものであり、また事実これらが発達するにつれて、奴隷制はだんだん消えていくのである。

こういう機械力、動力の開発によって、霧深いアルプス以北の地域にも農工技術がだんだん浸透した。

そしてこれによって、工夫して働く精神の実り多い収穫は、全体としては目覚ましい富を蓄積することになった。農業国家としての立派な定着生活が、南のいわば恵まれた自然の豊かさに対して、いわば恵まれない自然を克服する精神として出現した。これは自らをどこまでも貧しくして奉仕するという精神の勝利であった。南に対して、質素倹約の北の農業精神が一つの新しい文化圏をつくったといえよう。こうして、地中海世界というかつての恵まれた文化圏に対して、大西洋とか北海という未開の海にあらわれるヨーロッパ圏が、しっかりした自覚のもとに新しい近世への力強い足音を響かせてくるのである。蓄積された富をバックに、商業活動も急速に盛んになってきた。

しかし何よりもまず、商業活動はイタリアにおいてその盛んになる口火が切られた。富は何といってもローマ・カトリック教会を中心として集められたし、地中海沿岸の十字軍遠征の要衝にあたる交易都市が、遠征にことよせて法王を手玉にとり、自らの富を築いていった。そしてこれをバックに、自らの独立または半独立の経済・政治の基盤を着々と勝ち取っていった。こうして、十三世紀から十四世紀は、これら新しい独立都市の発生時代であった。ヴェニス（ヴェネチア）、ジェノア（ジェノヴァ）、リスボンなど地中海交易都市がそれである。しかしまたイングランドをも含むヨーロッパ圏の連帯も、すでにみてきたように、文化的・経済的に、ここ五・六世紀にわたって以前にくらべればずっと強くなっていた。

十字軍遠征にともなう四通八達とでもいえるような交易状況もだんだん整ってきていたから、北の港湾都市ロンドンやハンブルクが、さらには内陸都市としても、交通の要衝、文化の中心の各都市、例えば、ニュルンベルク、パリ、フィレンツェなどの都市が、続々とヨーロッパの世界都市として名のりをあげつつあった。

以上すべてにいえることは、とにかくこれらの都市すべてが、旅行者や商人たちの集まる交易都市だったことである。かつてギリシア文化発祥の母胎ともなったミレトス都市のように、これら旅行者・商人たちの集まるところは、人びとがいろんなことを話し合い、さらに考え、さらにそれを利用して種々の知識・発案の交換もできるところであった。経済的にも知的にも富はこういうところによく蓄積されるものである。そこにはもちろん、いろいろと人びとの好奇心をそそりたてるような発酵があった。人の心を根本から揺り動かす問題があった。しかし未知のため、余計に想像力は刺激されて高まり、あるものはますます神的に、あるものはますます悪魔的に両極化した。

ファウストの性格もその舞台も、こういう中世の状況のもとで生まれたものにちがいなかった。十字軍を通してイスラム圏との密接な接触の結果、魔術の国・アラビアの哲学や科学も、ヨーロッパ人たちの探究心を強く刺激した。錬金術師であるファウストの秘法・秘薬・悪魔の秘儀などが、人びとの精神の二つの極のうち特に一つの方を、この上なく刺激した。甘い快楽の蜜を求める現世的肉の欲求である。

天上の高貴なものは清く澄みわたり、単純そのものであるが、これはこれまでプラトン哲学やキリスト教神学以来縷々と説かれてきたものである。しかし人びとは、それよりもあやしい光を放つものに新しい好奇の眼を向けた。これが人びとの好奇心をますます美的に魅惑的に刺激し、その謎を解くことにはやらせた。ダイヤモンドは、単純な白光の下でみるよりも、あやしい光のもとでは何と魅惑に満ちて輝くことであろうか。

現世の快楽を追求することによって、奥の奥で統《す》べている巨大な力に触れたいというドクター・ファウストの欲求は、何といってもこの時代の巨大な現世欲を象徴していた。神から離れても、自由に自己の内なる欲求に従いたいというこの精神は、都市庶民の感情としても大きく膨れ上がった。自由の気魄《きはく》に満ちた都市群は、こうしてエネルギー化し、強大な皇帝軍に対しては同盟をつくって対抗するようになった。

例えば、これからのべるフルードリッヒ・バルバロッサ（1152-1190）皇帝の大軍に対して戦ったロンバルディアの諸都市同盟の場合などがそれである。こういうことで自由都市大興隆のきっかけとなり、その意味は大きかった。この場合、一時は皇帝軍によって都市を攻囲され、破壊占拠され、強制立ち退きを命ぜられたりした後にやっと皇帝軍を敗退させただけに、その上昇意欲はすさまじいものがあった。

野生的な奔流するような自由精神は、それなりの抵抗にあえばあうだけ、ますます強くなるばかりであった。雑草のようにたくましく繁殖する肥沃な土壌が、うまい具合にここには用意されていたのである。皇帝権力を衰微させるために法王権力と結託したが、皇帝権力が衰微してくると、今度は法王権力に対して彼らは対抗したのである。しかしこのようにして伸びていく素地は、うつぼつとしておこった十字軍による経済の活動による一連の刺激であり、この経済力が新しい力を伸ばす推進力でもあった。

イタリア諸都市のたくましい生活力は、中世全盛時代の彼岸的・僧侶的性格に相反するものであり、現世の富への人間のあくなき本然の欲求であり、ここから文学活動・芸術活動・科学活動などがこれらの富に支えられて活発化してくるのである。民主制の体制は、かつてのギリシア自由都市勢力を生んだものだが、今回のこの新しい勢力も、ミラノのようなイタリア北部の都市に、民主勢力として大司教や貴族に対立するに至った。都市の支配者は、下からの勢力によって選ばれるということがおこってきた。法律に詳しい知識をもつ学問教養のある者たちは、民衆の中から集団としてあらわれて、法王・皇帝抗争の渦中でうまくたちまわった。教会には適当にお世辞を使いながらも、内心は正統派的信仰などとてももちあわせない手合いが、これらの新興都市勢力だったのである。

例えば、第四次十字軍遠征のように、ヴェネチア住民が法王をまんまと手玉にとった一幕があったことをとりあげる必要があろう。ヴェネチア住民たちは、まったく商業上の理由で、東ローマ帝国の首都コンスタンティノープル占領に向けさせるように画策しそれに成功した。このときの遠征軍は、ヴェネチアからその所有の船群を調達してエルサレムに向かうはずだったのである。当時の法王インノケンティウス三世（インノケント三世）は、はじめは戸惑ったが、今や自分の法王権を東にもおよぼし、両教会を統一するチャンスだと考えるようになった。このような野心を法王に起こさせて、ヴェネチア住民はまんまと自分たちの商業権利を東ローマ帝国に伸ばすことに成功したのである。

法王インノケンティウス三世は巨大な権力欲をもっていたが、彼が保護利用しようとした若年の皇帝フリードリッヒ二世が、法王位に対する強力な敵対者になることを知らずに死んだ。このフリードリッヒ（バルバロッサ）が幼年時代をおくったパレルモは、まさに東西文化の最もよく混淆したシチリアの海港都市だった。しかもこの要衝をめぐって、いろんな勢力が策動していた。シチリアはかつてのイオニア（小アジア）のように諸文化交流の要路にあたっていた。イスラム文明、ビザンティン文明、イタリア・

ドイツ文明が、それぞれ多彩な光を当てて奇しき魅惑の色を織りまぜていた。これら文明の融合地に育った有能なフリードリッヒは、当時シチリアで日常語として話されていた、ギリシア語、アラビア語はもとより、六ヶ国語を自由に話すことができた、といわれる。彼はアラビアの文明に通じ、キリスト教に対抗するマホメット教徒と親交を通じていたし、ホーエンシュタウフェン家（神聖ローマ帝国の皇帝を多く輩出させた由緒ある家系）の一員としてドイツ人であったが、その教養においては、イタリア人であり、アラビア人でもあった。彼はまことにこれらの文明を一身に体した世にも不思議な一種の巨人であった。

生きている間はすでに彼は神話的人物となったほどで、ユダヤ的要素も混じりいわば魔圏に生きた人物であった。十字軍遠征に反対したフリードリッヒを破門するというグレゴリウス法王の仕打ちに、その後は反転して破門の身であるのに、十字軍遠征をやってのけた。エルサレム国王の後継ぎ娘と結婚した彼は、自らを「エルサレムの王」と呼んだが、この男が法王の裏をかいて十字軍の指揮者となるということは、法王のまったく我慢ならぬことであった。エルサレムでのイスラム教徒との平和裏の交渉といい、なみなみならぬその手腕は、法王をますますいらだたせた。彼は自由通商を確立させたり、ロンバルディア諸都市の発展に尽くしたりもした。しかし彼の意図するところは異教時代のローマ帝国の復興であり、また東洋的アラビア的なハーレム政治などを好んだ点において、後退的であった。

結局この異教的混淆からイタリア諸文学もおこりはしたが、諸都市の自由主義精神は、皇帝権力とは相いれなかったので、法王権と結託してこの勢力を排除するに至る。しかし彼らの自由はただ法王を利用したにすぎない。なにはさておき、このような諸都市の自由は、あらゆる権力に対しての反抗であり、この点において近代自由主義への必然的趨勢を示した、といえるだろう。しかしあまりにも現世的利欲を追求し、陰謀をめぐらして離合集散するあたり、これら地中海地帯の諸都市の商業利権主義は、アルプス以北の比較的地味で着実な諸都市とは、かなりの相異をみせるものがあったのである。

ヨーロッパの世界に、古い地中海世界（南）と新しいゲルマン世界（北）との二つのパターンがあることについては、すでにいろいろと指摘されているが、都市の形態においても、その性格においても、どちらかといえば商業主義のイタリア都市と産業・工業主義の北ヨーロッパ都市のように、かなり截然と区別されるものがあることを注目しなければならない。

ところで、中世封建体制の中で、十字軍によるヨーロッパ内の交通・交易の発展にともない、商人階級というものが、地中海沿岸部都市を中心とするいわゆるイタリア都市に、勃然として活気をとりもどしてくるのであるが、彼らは在来の歴史的伝統の制約を受けることが多かった。しかし北欧の町々には、そのような因襲がなかった。しかもドイツ皇帝の軍事力は異民族を断乎排除する強力なものをもっていたので、ドイツは比較的平和を維持できた。

しかもイタリアとて、この軍事力を適当に利用してきたほどである。一時ヨーロッパを荒らしまわった北からのノルマン勢力は、もともと異質の人種ではなかったし、かつての蛮族ゲルマンのようにキリスト教徒化して、土地ももらい、落ち着いてきていた。かえってこれら一連の嵐の後には、それだけヨーロッパ全体は風通しがよくなっていた。商人たちの活動には好都合になった面も多かったように思われる。こうして平和をとりもどす一方、十字軍活動が盛んになって各地への旅行を刺激するとなると、当然これらの中継点が必要になってくる。そのような根城が、商業に都合のよい地点にできたのは当然である。そこを中心にして、また商業活動がさらに便利に行えるような基盤ができるようになった。

十字軍の宗教戦争にも象徴されるように、この当時のヨーロッパは信仰の基盤はどこまでもキリスト教であり、この信仰を核として生活や営業活動も行えるというふうに、各町の中心にはまず教会（ローマ式であれゴシック式であれ）が建てられ、それを中心にして市場ができ、町の公的な建物（役所の建物など）が建ち、そこから放射状に道ができ、外部に対しては一つの居所・定着所としての感覚から（外敵からの侵入に備える意味で）、城塞（ブルク）がつくられたが、これらの道は東西南北にそれぞれ外郭門まで走っている。その門を出れば田舎の農耕地につらなっている。これらの町は、またそれを保護してもらう必要から、何がしかの租税を封建領主や法王におさめる義務を当然負うことになった。しかし交易が盛んになり、立ち寄る人も多く、また住みつく人も多くなると、商人たちの富が増大し、その富の増大は封建諸侯の租税の取り立てにも拍車をかける結果になった。ここに両者の間には当然争いがおこってくる。

ところがここに面白い現象がおこった。商人たちの新勢力は、新しく交通の開けたところに定着地をつくったが、いわゆる城下町ふうの砦のすぐ近くに新しい居住区をつくったのである。そこは旧い封建領主のものではなかった。いわば地主のない土地であった。当時の持主のはっきりせぬ土地がたくさんあったが、しいてその持主をといわれれば、国王のものということになる。すると商人たちの新居住地は国王のものということになる。これらの事情が、旧くから栄えていた南半分のヨーロッパとは、かなり事情のちがうことでもあった。

が、さきほどもいったように、商人地区が栄えてくると、しかも封建諸侯の居住地区がすたれてくると（当然人びとは多くの新しい生活力の盛んなところに引かれていく）、何とか理由をつけて、諸侯はそこに支配の手を伸ばしていこうとする。そして時の勢力者であり、また中心を占めている司教の勢力と結託して、新しい商人たちの商取引の特権にどんどん食い込もうとしてくる。しかも一方商業利権はまだ流動的であり、商売の特権をもって保護されていた方が、安全に商取引もおこなえる。すぐ近くの封建領主は司教勢力を利用して圧力をかけてくるので、その封建支配はますますひどくなってくる。

しかし、こうしたとき、教会と国王をめぐってさらに面白い問題がしかも重大な問題がおきてきた。すなわち、あらゆる町にも農耕地にも権力を駆使する司教を叙任するのは、国王か法王かといういわゆる叙任権争いである。しかし、これをきっかけにして、封建領主は時の法王権伸張の時局に便乗して法王側に立つということになり、結局国王と商人階級（新勢力）は、法王と封建領主という旧勢力と争うことになったのである。そしてその後の一進一退は、西欧の歴史の上で非常に重要で興味深い問題を提起することになったのである。

商人たちの居住区はもともと国王のものであった。国王から自由な自治地区として認められそれなりの義務を果たせば、封建領主や法王から何もつべこべいわれる筋合いはないのだ、といって、商人ギルド（これは国から任されて租税取り立てにもあずかった自治組織でもあった）が中心になり、旧勢力に反抗運動をおこしはじめたのであり、その際旧い城壁内に住んでいた住民にも呼びかけ、搾取者封建領主を町から追い出すことにまで発展した。ここに新・旧住民一致した「都市のとりで」（ブルク）という考えができて、方々に暴動がおきることにもなった。しかしこれを契機として、幾多の試練をへながら自治体の組織づくりに成功し、都市共同体としての団体意識を高め、各都市づくりの競争に拍車をかけて、近代市民社会、すなわちブルクに住むものたちの階層（ブルジョワジー）の精神が大きく発展していくのである。

## 第三節　スコラ哲学の性格

はじめに言葉（ロゴス）があった。言葉は神とともにあった。言葉は神であった。

という『ヨハネ福音書』冒頭にあるその「言葉」（ロゴス）は、さきにもみたように、ギリシアの衣をまとっていた。詳しくいえば、ギリシア精神の中核を結晶させたプラトンの哲学思想の衣をつけていた。これを尊重しながらキリスト教学を創設したアウグスティヌスには、当然この強いプラトニズムがその表面に強く波打っていた。プラトンの哲学は、ギリシア弁証法を展開させており、ロゴスの哲学であったが、アウグスティヌスはそれを利用したのである。

古代ギリシアの知恵は、アウグスティヌスにとってはどこまでもキリスト教の知恵を飾るもの、神の栄光、神殿を飾る讃歌としてとり入れられたものにほかならない。神の存在を、この言葉によって美しく正しく顕現させるものにほかならなかった。ここから神学が生み出されたのである。それはまた、旧

約聖書『箴言』九・一にあるように、

知恵はその家を建て、その七つの柱を立てた。

とあるこころに沿うものとして、中世のキリスト教学者たちは、「七つの自由学科」を学び、事物とまた言葉に対して正しい理性を働かせ、神のロゴスへの探究にあやまちのない道標《しるべ》とされるものを加えた。

「自由七科」(septem《セプテム》 artes《アルテース》 liberales《リーベラーレース》) は三科と四科に分けられる。「三科」(trivium《トリウィウム》) とは、文法・修辞学・弁証法であり、算術・幾何・天文・音楽が「四科」(quadrivium《クァドリウィウム》) であった。

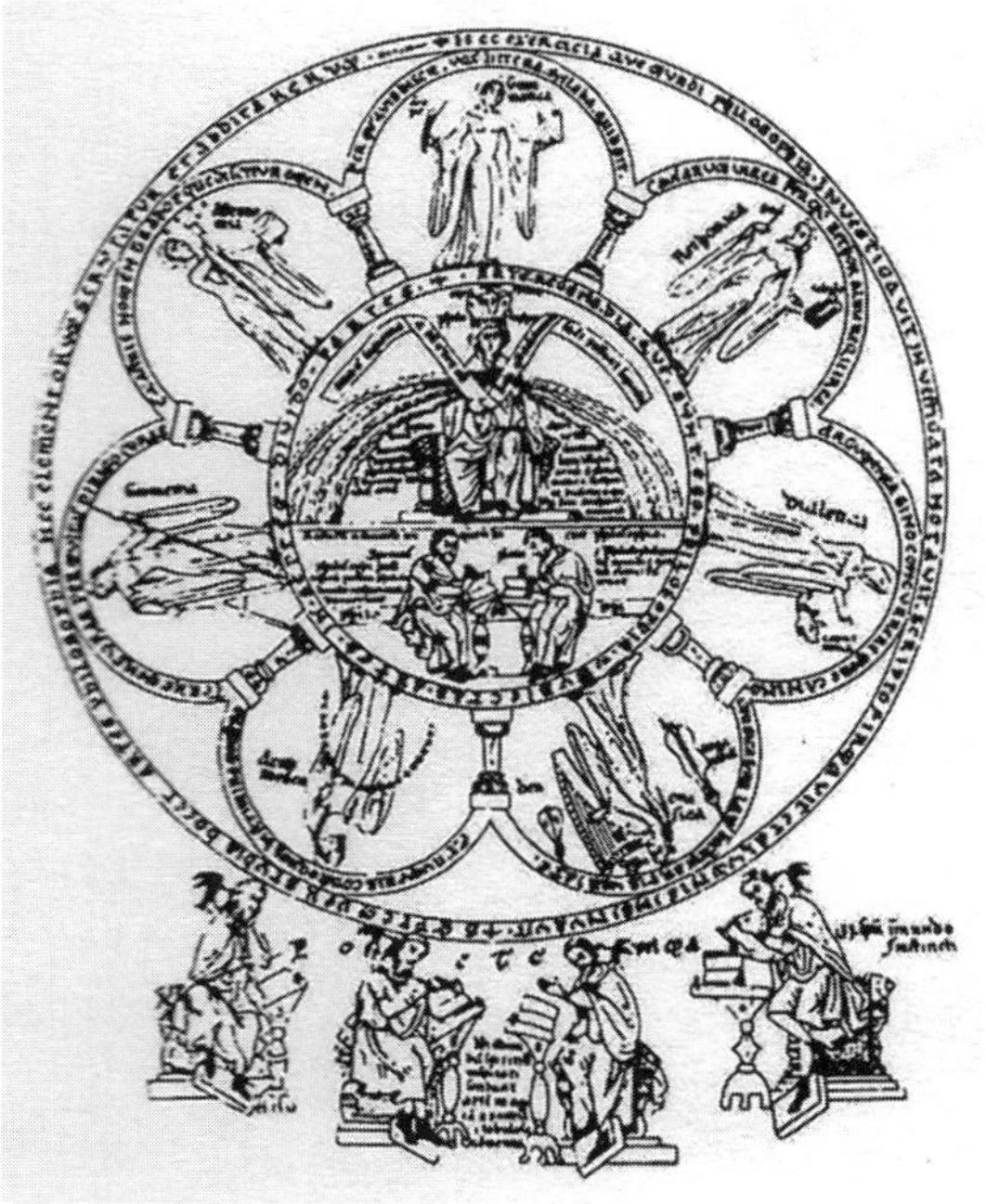

**自由七科の比喩的表現** (H. Landesberg, Hortus deliciarum, 12 世紀)。大きな円の中に小さな円が 7 つある。中央上から右へ、文法、修辞学、弁証法、音楽、算術、幾何、天文を指す。

前者は言葉に関する学問で、後者は事物に関する学問といわれた。これらは、とりもなおさず学問であって、これらをよく学び、したがってよく教えられる人たちのことを、一般に「スコラ学者」(doctores《ドクトーレース》 scholastici《スコラスティキー》, scholastici《スコラスティキー》) といったのである。

しかし狭義には、教会公認の神学教師であった者が、知識教育の拡大とともにさらに自由七学科（を加え）、さらに時代の要請に従って法学・医学を教える教師に至るまで、広義には「スコラ学者」と呼ばれるようになったのである。知に飢えていた中世の中葉から特に活発になってきた知識への欲求が、大学を各地に発生させたが、知の殿堂としての偉容を誇った「ウニウェルシタス」(総合大学)は、神学部・哲学部・法学部・医学部の四学部をもつものであり、これは現代に至るまで、ほとんど一貫して受け継がれていることをみれば、中世にできた学問伝統が今まで依然としてつづいているその伝統の強さに驚くのである。

スコラ学とは以上の学問のことであり、これには、教える形式としても今も大学で多くとられている方式、すなわち教科内容を教えるいわゆる「講義」(lectio《レクティオー》)と、論理学を適用して正しい論理のメトーデ（方法）を駆使し、問題を討議形式で決定していく「討論」(disputatio《ディスプターティオー》)とを用いた。論理はもちろん理性の真理であるが、中世哲学は神学中心であるため、信仰が優位を占め、信仰の真理に理性の真理が従属させられた。しかし真理とはやはりそれなりの筋道がなければならず、それが神学といわれるものであった。しかしその神学も正しいものであれば、当然理性を納得させなければならないから、この両者は截然と区別できない面をもっている。信仰と理性をめぐる論争のたえなかったわけもここにある。スコラ学も、この両者の相克と調停をめぐって、たえまない分離結合と総合と分解のプロセスを通して、創造期・総合的絶頂期・衰退崩壊期というペリオーデを経験するのである。

信仰にも論理がなければならない。理性にももちろん論理がなければならない。しかしキリストは学者ではなかった。素朴なキリストの教えには、賢《さか》しらぶる学問以上のものがあった。古代ギリシアの学問以上の学、すなわち権威があった。ギリシアの学問は、それ自体では中世の人びとを救いえなかった。賢《さか》しらぶるギリシア哲学者の知恵に何のまとまりがあったであろうか。一つでも相一致する真理があったといえるだろうか。ある者が「静」といえば他の者は「動」といい、あるものが「一」といえば、他の者は「多」という具合に、議論は百出してとどまるところを知らない。ギリシアの有名な学者たちの中には、同じものについても正と不正が同じ論理操作によってなされる、ということを誇示したものがいた。とすれば、われわれは、人間知についても、ましてや神のほんとうの奥深い真理についても、また宇宙の真理についても、かのギリシアの最大の賢哲ソクラテスもいったように、無知を告白し自らを空しうして神の啓示にひたすら恐れ従うよりほかに道はないではないか。ソクラテスは、異教圏にありながら、人間の魂の奥深くに立派に無知のカタルシスを行った。

こういえば少し中世的解釈になるきらいはあるが、キリストの真理の先触れをした人として彼を評価することもできよう。が、もっとも、キリスト教の中世世界にもこのような無知のカタルシスを行った人物がいたのである。しかしギリシア的知恵の伝統を継ぎ、キリスト教に改宗した謎の存在（年代的に最も古い教父といわれた聖ディオニュシオスと同一視された者）、人よんで「偽ディオニュシオス」という人がいたのである。この人（五世紀〜六世紀）の作品といわれる『神秘的神学について』『天上の教階について』は、聖書とネオプラトニズムを明らかに調和させようとしているが、この偽ディオニュシオスは、中世神学界の一人の支配者アウグスティヌスと並んで、独特の影響力を中世神学建設の偉人たちにおよぼした。

アウグスティヌスと並ぶもう一人の支配者、トマス・アクィナス（1225-1274）も、くりかえしこの偽ディオニュシオスを引用しているし、中世後期の腐敗の中に美しくも神秘な浄化（カタルシスス）をなした「否定的神学者」、ニコラウス・クザーヌス（1401-1464）の哲学根本思想である「学識ある無知」(docta《ドクタ》 ignorantia《イグノーランティア》）も、彼自らいっているように、偽ディオニュシオスに負うものが大きかったのである。しかしながら、このように神秘的なものはあらゆる学識や知恵をこえたものである、ということを、体系としてまとめれば、トマス・アクィナスに鮮明にあらわれているように「神学」につかえる「哲学」の姿となる。しかも、トマスの神学は、ギリシアにおいてあらゆる過去における哲学思想それぞれを自分の体系の中へすっぽりおさめた総合哲学者・アリストテレスのように、哲学を代表するアリストテレスをも自己の神学体系（スンマ）の中にすっぽりとつつみこむような客観的神学体系を打ち立てた。

トマス・アクィナス

ここにスコラ神学の行きつくところ、その体系づくりの絶頂期の意味があった、といえよう。プラトンが主意主義的で体系としては偏狭なところが（アリストテレスにくらべ）強かったように、プラトンをとり入れたアウグスティヌスには、アリストテレスをすっぽりとその中に入れ込むことがなかったことにおいて、やはり（トマスにくらべ）主意主義的側面を濃くしていた、と思われるのである。

キリスト神学は、はじめアウグスティヌスの大きな支配下にプラトン的神学の様相を呈していたが、中世後期になるまで、アリストテレスの総合哲学の体系は全体として理解されないままであった。これには社会的背景もあったが、アリストテレスについていうなら、中世は長い間彼をたんに論理学者としてだけ受け取ってきたようなのである。

このアリストテレスについては、すでに（六世紀のはじめ）『哲学の慰め』を書きながら処刑場の露と消えたあのローマ帝政末期の学者・政治家ボエティウス（480-525）が、アリストテレス理解の最

ボエティウス（左）が哲学（Philosophia）とともにいる（12 世紀の写本，Cambridge Univ. Lib.）。

上の入門書として、ポルヒュリオス著作の『エイサゴーゲー』（アリストテレス『範疇論』入門）に注解をつけているのが、有名である。ここで彼は、すでに普遍論争のきっかけをつくる問題提起を行った。また彼はアリストテレスの『オルガノン』をラテン語に翻訳した。このようにして、熱心にアリストテレスをプラトンとともにやろうとしたし、カトリック教義にもアリストテレス論理を用いた基礎づけをしようともした。

このようなことから、ある一部にはボエティウスをスコラ哲学の祖と考える意見も出たのである。しかも、ボエティウスとも親交のあったカシオドルスのボエティウス宛ての手紙（五〇六年ごろ）にもあるように、

あなたの翻訳のおかげで、音楽家のピタ

（左）ボエティウスのDe institutione arithmeticaの1ページ目。中央にアラビア数字。1294年頃の手写本。原書の改作と思われる。

（右）De institutione arithmeticaにある掛け算表。アラビア数字が使われている。1488年の版（Augusburg）。

ゴラス、天文学者のプトレマイオス、数学者のニコマコス、幾何学者エウクレイデスがイタリア人によって読まれます。神学者のプラトンと論理学者のアリストテレスがローマ人の言葉で論争します。またあなたは機械技師のアルキメデスをラテン語でシチリア人に返しました。

という言葉が、六〇〇年余り、すなわち十二世紀の末まで中世を支配した意見であったのである。このボエティウスは、まだ年若いころ、すでに数学・音楽・幾何学・天文学を哲学研究に必要な四科とし、文法・修辞学・弁証法を三科として、その中でも、弁証法すなわち論理学を最も重んじようとした人である。

彼にはすでに五一二年ごろ、「どうして三位一体は一神であって三神ではないか」「父、子、聖霊は三位一体について実体としてのべられるだろうか」などの神学論文を書いている。ところで、こういう論理学の重要性については、あのエロイーズとの恋で有名なアベラール（アベラルドゥス、1079-1142）が再び力説しはじめている。十二世紀から十三世紀にかけてかまびすしい論戦を展開するスコラ学隆盛期にさきがけて、彼は花々しくデビューした。アベラールは論理学に過大な評価を与えた。彼は、「はじめにロゴスありき」という新約ヨハネの文句をとり、それを論理学の威厳を証明するもの、と考えた。彼は、恐れることなく知性を駆使し、真理への道として弁証法（論理学）を用いたのである。だから強力な神秘主義運動の主導者ベルナールからは、三位一体をアリウス派のようにあつかったとか、プラトンがキリスト教徒だなどと証明しようとしたとか、人間理性による完全な神理解を主張したりしているなど、と非難された。

たしかに多彩なアベラールには、唯名論者的性格がみられる。すなわち事物については、その語は決して事物ではない、と指摘するのであるからである。そうかと思えば、プラトンのイデアは世界創造の種々のパターンとして神の心の中にあるものであり、神のもつ概念だというあたり、ここでは実念論の見解を示したりしている。唯名論と実念論の論議は、これ以後ますます中世哲学界に大きな論争をまきおこし、これがスコラ学の崩壊へと傾斜を早める要因となるものであった。

何はともあれ、十二世紀になって、アリストテレスが次第にヨーロッパ世界に紹介されてきた。十字軍遠征によるコンスタンティノープルやマホメット教世界との接触によって、新しいアリストテレスの要素がもち込まれたのである。このようにして現実世界の知恵をつたえるアリストテレスを詳しく知るにおよんで、ますますこの現実世界へとアプローチしていく中世末期は、神の創造の豊かさを示す自然（神の被造物）への傾斜を深めた。中世神学としてまだ残されることの非常に大きな未知のこの世界への渉猟が行われはじめたのである。

他方では、現実世界を動かす動力、すなわち、鋤《すき》や鍬《くわ》や馬具、さらに水車風車などの道具を大いに使おうという科学への目覚めがおこりはじめていた。アリストテレスの中世世界への受け入れには、このような現実世界、世俗的なものの豊かさを求める意欲とパラレルに考えなければならない面が、たしかにあるのである。

## 第四節　ヨーロッパでの大学のおこりとその性格

言葉は光であり、それは人間の光である。知性を媒介する手段である。しかし新しく文明世界の光に浴し、その舞台におどり出てきた蛮族・ゲルマン民族とその大移動と混乱の世の中にあって、混迷の暗闇は深くヨーロッパをおおうようになった。この深い無知の中でも、さきのローマのカシオドルスのともした知恵の灯は、どこか片隅で、小さいながら立派に燃えつづけていた。もちろんそれは、多く神の火を守りつづける聖職者たちの間においてであった。

しかしその聖職者たちですら、この世界では相当に無知であったことが知られている。新しい指導者となったシャルルマーニュ（カール）大帝もこの事実を知って驚いた、といわれている。とにかく彼がその土地管理を立派におこない、支配体制を確立するためには、帝王を補佐する人びとは、もちろん文字を知らねばならなかった。ここに教育事業をおこし、その新帝国の光を世界に光被しなければならぬ、と彼は考えざるをえなかった。

カール大帝のおこしたこの文化事業は、カロリング王朝の知的ルネサンスとして、大いに美化されもし、誇張もされているけれ

シャルルマーニュ大帝の宮廷で、大帝のまわりに学者らが集まっている。

ども、実際には、きわめて実利的なものであったと思われるのである。王や諸侯は、宰相・侍史《じし》・祐筆などを必要とした。すなわち所領の目録づくりや会計記録などに至るまでの管理体制をしっかり充実せねばならなかった。しかも、これには読み書きそろばんができなければならなかった。

封建体制へと進んでいくこの社会組織の中では、何よりも財政的権力をもたねば帝国の基盤がゆらぐことになる。宗教・道徳・文化の構造もかなりの程度はその基盤の上に立てられたはずである。このような実際上の管理能力者は、何としてもやはり聖職者の中からしか求めることはできなかった。すでに聖職者たちは、そのゆるぎない権威を、中央集権の教会組織を通じ、寄進・巡礼・喜捨などによって得ていた。彼らは相当な資金をもっていたのである。したがってその必要上財産管理にも相当たけていた。フランク人たちの中に教養人才をあまり求めることのできなかったカール大帝は、いたるところの僧院から、これらの教養人を招いた。さきほどもいったように、聖職者自身もあまり知恵のあるものはそう多くはいなかった。

しかし、ドイツのフルダ、サン・ガルや、フランスのトゥール、リヨン、オルレアンなど方々に、フランク王宮廷所属の宮廷学院をつくることができた。そのほかにも、修道院付属学院（院内、院外学院）と司教座付属学院があった。中でも特に重要なのは、カール大帝が三顧の礼をもってイングランドから招いたアルクィヌス（735-804）によってたてられたトゥール宮廷付属学院と修道院付属学院であった。しかもこれらは、だんだん立派な教育機関に育っていった。イギリスのような僻遠の地に、その当時高度の文化が移植され立派に開花しようとしていたことは、たしかに驚くべきことであるが、五九六年に時の大ローマ教皇グレゴリウス一世（五九〇～六五〇年在職）は、すでにこの地に福音の宣教師を派遣し、教化に努めていたのである。

礼をあつくして招かれたアルクィヌスは、さきにものべたように、「言葉」に関する三つの学問と、「事物」に関する四つの学問によって、知恵の殿堂の香しい匂いをフランス全土にヨーロッパに咲き匂わせようと夢みたのである。しかしそれはたんに彼の夢だけではなかった。これら楽園の樹の若芽は、実際にその後の幾多のはげしい風雨にもめげず、すくすくと育っていった。各地で知の新鮮な発酵が徐々にしかし力強くおこってきた。かつての蛮人・征服者ローマを知的に文化的に征服した被征服民族ギリシアの学問が、またしてもゲルマン蛮人たちの土地で、新鮮に力強く発酵しはじめようとしていた。しかも今度はキリスト教という宗教の光によって蛮地ゲルマニア（ドイツ）・ガリア（フランス）・イングランドなどに根を植えつけられたのである。

カロリング朝のルネサンス文化・教養は、何よりも神の御言葉であり、光であり、乱世の中の和風であり、温かな南風であった。パリには談論の花が開いたし、サレルノには医学が、ボローニャには法律学が、オルレアンには詩歌文学が栄えた。その後ようやく安定した封建体制の中で、やがては十字軍遠征などによって、交通・商業など経済活動の活況下に、一つのヨーロッパ圏が強く意識されるようになるにつれ、聖職者たちはもちろんのこと、平俗の人びとの間にも、だんだん知識の光が求められるようになった。

ところでこういうふうに醸成が進むにつれて、知的エリートが急速に大いに望まれるようになったのである。管理に、商業に、産業に、名実ともに高度な知識が必要になったとき、それぞれの分野にはそれなりの権威ある公的な資格が必要とされるようになった。あたかも公認の通貨のように。その道に通ずる専門家の職能の資格をとるために、またその道の権威あるものを先達としてその周囲に集まる学生の一団が、方々にあたかも自然発生的にあらわれるという現象がおこった。それぞれ名だたる学問の発祥地にはそれなりの花を開く確かな理由はあった。例えばボローニャを例にとるならば、十一世紀に商業活動・都市勃興にともなって、法律問題がいろいろとおこり、そこから実際学問としての法律学が特に重要視されるようになった。

たまたま、この都市が北イタリアの交通の合流点として重要だった地理上の利点と、輝かしいローマ法をもつ国柄であったことが、幸いした。そしてここに、法律を専門または実際面から研究し利用する動きが、ギルド組織のような自由・自治の学生集団をつくった。こうして中心の核がますます出来上がり、それをもとにどんどんと雪だるま式に大きく膨らんでいったのが、ボローニャ学都の姿なのである。広い単一なヨーロッパ圏での法律学校としてのギルド的保証、そしてそこで公認された資格をもって世俗の強い需要に応ずる、というところに、これまでの古代や中世の学校とはちがった大学のおこりがあったように思う。

ウニヴェルシタ・ユニヴェルシテ・ユーニヴァーシティ・ウニヴェルジテートといわれるものは、ラテン語の〝universitas《ウーニウェルシタース》〟という言葉からきているが、この言葉のもつ総合性格は、「すべての課目を総合して研究できるところ」という意味ではなく、また「ユーニヴァース」（宇宙）とか「ユニヴァーサリティ」（普遍性）という意味をもつものでもなく、「教師たちと学生たちの団体全体」を指す意味での「ユーニヴァーシティ」であった。中世末におこった都市のいろんな同盟、組合的利権集団（ギルド）のように、一つの自治体として市民革命の前駆存在としておこってきたものである。この知的同業組合「ユニヴァーシティ」は、古代ギリシアのプラトン学校の貴族主義的なものでもなく、中世のこれまでの学院僧院風のものでもなく、もっと世俗的な実利上の性格を母体とした。

しかし何といっても文字を使う術をほとんど独占してきた聖職者たちの勢力は、これら大学をも強くその指導におく傾向がみられた。当然これらの勢力によって大学は運営される情勢におかれたため、大学は近世になってもこの中世的性格の濃いかげを依然としてとどめることになった。しかし学問は、古くてまた新しい性格をもつものである。大学内にはたえず新しい勢力と古い勢力とのはげしい角逐が反映されるものである。それが起爆剤となって知的革命や社会革命へののろしがあがる場合がある。

こういうわけで教権・帝権と並んだ第三の勢力として、この学問の牙城は自己を主張するようになる。ペンは剣よりも強いという性格をもちながら、これは思想文化のロード役をつとめていく。中でも、全ヨーロッパの知的中心にのしあがったパリ大学において、この傾向は強まった。その後にでき弟分のオクスフォード大学も、さらに百年から数百年ほどおくれたドイツやオーストリアの諸大学も、ほとんどすべて、パリ大学に則《のっと》ってつくられていくのである。例えば、ドイツ最古の大学であるハイデルベルク大学は、創立にあたり、「当大学はパリ大学で慣習になっている仕方にならって、治め、規整されるべきこと」をうたっているし、ウィーン大学神学部学則にも「母なるパリ大学の学問的分流」という言葉がみえるのである。

パリがそれらの光栄ある母体となりえたのは、やはりその地の利をあげねばならないであろう。パリは近代の新興国家としてのしあがろうとしていたフランス王権国家の首都であり、政治の中心であった。しかも、フランスの王は、歴代にわたって、これが自らの首都に栄光をもたらすものとして、内外からここに来たり学ぶ者たちを生活の不安から守り、精神的・物質的に高雅な生活がおくれるように極力助成・尽力したからである。大学そのものの母体が、きわめて世俗的な自主独立の性格をもつものであるだけに、恵まれたこの豊饒の国土の中心存在であり交通の要衝であったパリは、まったく快適な生活の場でありえたのである。そしてパリの周辺には、シャルトルのような司教座聖堂の付属学校が、今をときめいて、自由学芸の有名な教師を集めていた。こういうわけで、十二世紀にはすでにその黄金時代を築いていた。

フランスや低地地方では、談論風発の自由な空気は、閉じられがちの旧い修道院をさけて、新しい司教座聖堂の付属学校に花開いた。そうした中で、才気煥発の弁論家アベラルドゥス（アベラール）がパリにあらわれた。そして、その豊かな知識をもった偉大な弁論は、自由な新進気鋭の学生たちに特に人気を博した。権威に盲従しないその談論は、そこで自由に火花を散らした。パリ市の諸街に、またサント・ジュヌーヴィエーヴの丘には、こうした哲学・神学の談論が思う存分花を開いた。パリの学院には、このようにして人文主義がだんだん浸透していったのである。洗練された教養人たちは、せまい古くさい神学だけではもはや満足できなくなっていた。散文と韻文を交互に使用した『宇宙形状誌』とか、異教ローマ詩人の『アエネーアス』の注解本をあらわし、文芸の趣味をもって、無味乾燥な哲学論理の中にうるおいを与えようとする動きが、おこってきた。物質がゆたかになり、現世への欲望が目覚めかけたからでもある。

　好戦的で新規な話題を提供する四十才近くの論士・アベラルドゥスが、パリのノートルダムの大聖堂三次会員の姪にあたる魅惑の才媛・十七才のエロイーズとの情熱的な愛にひたったのも、こうした環境の中においてであった。大勢の学生が、甘い蜜に引きつけられるように、続々として教会の学校につめかけた。しかし、いつパリのこの司教座付属学院が大学になったかは誰も知らない。しかしパリから五〇マイルほども離れていたシャルトルは、いつしかその光を失い、首都パリの栄光は、もはや周辺の養分をすべて吸いとるかのように、ますます輝かしいものになっていった。こんなふうにして出来たパリ大学は、いわば自主独立の同業組合的ギルド的雰囲気の中で文芸の知的自治団体として組織されていった。優秀な教師と彼らに学ぶ学生との総体、すなわち〝Universitas《ウーニウェルシタース》 magistorum《マギストールム》 et《エト》 scholarium《スコラーリウム》 Parisiis《パリーシイース》 studentium《ストゥデンティウム》〟「パリ諸学院の教師と学生との総体」であった。

　ところで、さきにも触れたボローニャは、神聖ローマ皇帝から特権を得て保護され保証された学生町であり、そこの学生集団は、遠く異教の国に共通の目的をもって集まってきた協力団体であり、その当時イタリア各都市において生じていたギルドのように、同業組合的色彩の強い勢力となった。部屋代とか生活経費がかかりすぎると、集団で町民たちに対抗して生活費を安くさせたり、安くしないと集団的に退去して町をさびれさせるぞ、とおどしたりした。こういう強力な組織をもったので、学都ボローニャは、学生で栄え学生に寄生する町の観を呈した。

　さらにまた、学生たちは、自分たちの聴講料をとって生活する教師たちに対しても、集団として授業放棄手段で対抗し、いろいろと教授内容の充実について義務づけることもあった。だから、こうした同業組合意識は、普通のギルドでのように一定の資格免状を要求した。このようにして、ギルドの「親方」にあたる「マギステル」とか、「もの知り教授者」という意味で「博士」(ドクター)とかの名前が資格として与えられた。こういう性格をもつ大学だからこそ、古代や中世中期までの学校とはその性格を異にするわけがあるのである。しかもそれは、神学・哲学・法学・医学という特に重要な部門において、それぞれの資格が与えられるように分業化されてきた。ボローニャは、実際業務上の法律学校として特色をもつ学校であったが、法学研究を

ボローニャ大学の講義風景(1350年頃)。左上の教授が講義している。

中心としながらも、数百年後の一三五二年には正規の神学部がおかれ、哲学も医学も学部としての資格を順次にもってきた。しかしまたこのボローニャの離脱組がパドヴァの大学をつくるという具合にして、各地に大学の設立があいついだ。

しかし、そうした中でもさきほどものべたように、フランスの現有国力や王権の伸張とともに、それに保護されたパリ大学が特に光っていた。しかも、ボローニャの学生中心とはちがった教師中心のギルド組織として、知識文化の大きな中心となるにおよんで、ヨーロッパの近代的重心は、アルプス以南から以北へと移っていく傾向が、ここでも強くなった。地中海世界はこの意味でも北のヨーロッパ文化圏にだんだんその重心を移していくのである。十二世紀末に自然発生的に大学組織をつくりあげたパリ大学は、その創立記念日を、フランス国王から勅許状を得た年、すなわち一二〇〇年とした。またこれによって、一つの自治団体として、神学・学芸・教会法・医学の四学部は、国王によって守られて名実ともに近代フランス国家の知的中心となったのである。ここでも、国王は、新しい勢力として新しい大学と強く結びついたのである。

学生宿舎的性格の強い学寮（カレッジ）は、のちイギリスのオクスフォード、ケンブリッジでは大学生活の本拠のような存在となった。大学とは、試験をしたり、学位を授与したりする単なる機関として、実際の大学教育・生活の場は学寮中心ということになったところが多い。例えば、パリ大学でも、ロベール・ド・ソルボンによって神学生のために建てられたソルボンヌ学寮が、今日のソルボンヌという大学建物の一部や地名として残っていることによっても、その間の事情を読みとることができよう。

パリ大学は、先発のボローニャをしのいでヨーロッパ学問の中心としての地位を占めることになったが、さきほどもいったように十三～十四世紀のはじめは、ローマ法王権の絶頂期であり、王権と法王権（教皇権または教権）はともに主導権を争っていた時期である。しかし法王権の優勢はいかんともしがたく、インノセント三世が、パリ大学を宗教的に支配し、優秀なドミニコ会・フランチェスコ会修道士のエリートたちを次々と神学部にのりこませてから、神学部の重要さがいよいよ増していくということがおこった。他の学部はまったくその従属的地位におとしいれられたのである。市民社会の現世立法としてのローマ法の研究を通して、法律研究をやっていたかつてのパリ大学の多数の教師と学生は、やがてこのような教育を禁じられ、パリで教えられる法律は、それらに優越する教会法でなければならないとされるなど、教会の強い介入を受けるに至った。こうした弾圧と介入を通じて、新派と旧派はいりみだれて、角逐するようになる。

この姿は、そのまま人文主義運動のルネサンス期を通じて続くのであるが、パリ大学の発生が自由なギリシア・ローマの古典研究に目覚めた聖職者からおこり、俗権である王権に守られて成長していったとはいっても、時の大勢力・法王権の圧力は断じてぬぐいきれない有様であった。この権力が、一時はパリ大学をすっかり支配してしまい、その影響力は、現代に至るもなお他を隠然たる中世神学の影響下におくほどになったのである。法王権が、これほどの強い介入をおこなったのも、一方では大学の設立とその影響力がローマ教会当局にとって無視できぬ存在となったことによる点が多い。第三勢力として新しく登場してきた大学そのものに、現世化の傾向が多く、また異教の要素が強かったことが、法王権の絶対化のためには許しがたいことであり、またこれらすべてに君臨するのが中世の世界観では当然と考えられていたのである。インノセント大法王のあとを受けたグレゴリウス九世は、一二二八年にパリの神学教授たちに、

神学はあらゆる他の学問を雄々しく支配し、あたかも精神が肉体を正しい道に導き過誤を防ぐために、これに対して権威をふるうのと同じように、あらゆる学問の上に権威を有するものである。

とのべ、さらに異教哲学かぶれをいましめて、

諸君の中である人びとが虚妄の精神で革袋のように膨らみ、不敬虔な新奇の精神にしたがって教父たちの定めた限界をとり除き、異教の哲学説の中に聖書の意味を求めるということをきいて、われわれは苦痛に満たされている。

ときびしい警告を発した。

新しい土壌、すなわちアルプス以北のヨーロッパに、知的醗酵がおこって以来、また十字軍の遠征によってこれまで閉じられた封建社会がかなり開かれた社会になって以来、アラビア学者たちのアリストテレス自然学研究書が、イタリア、シチリア、スペインを通して盛んに流れこんできた。それればかりで

ない。ギリシアの数学・天文学・医学等々、またローマ法典に至るまで、かなり大部な専門研究書というべきものが流入してきたのである。こういう新知識に刺激されて、知恵のマグマは、大学を通して活火山のように、その鳴動をヨーロッパに連鎖的に鳴り響かせていった。そしてこの新しい知識は、これまでの修道院とか司教座聖堂学校のワクを大きくはみ出して、大学の自由独立団体組織、一種の近世の萌芽ともいうべき自由な学問の場としての大学の創造へと向かっていくのである。

ギリシアを受け入れたアラビア異教哲学とキリスト教神学とは、自由研究の大学で強い激突をした。最初はアラビア哲学の本髄であるアリストテレスの権威との戦いであった。しかし、キリスト教会は、最初は人見知りをしてパリ大学でも禁止していたアリストテレス自然学を、そのうちにその優秀性を認め、神の大きな組織の中に、彼の大きな自然哲学体系を完全に従属させることによって、それを受け入れた。これはとりもなおさず、聖トマスにより完成された中世神学の大組織体においてであった。

すると今度は、アリストテレスを受け入れたはずの大学が、ルネサンスを前後として、アリストテレスを否定する方向をとった。こうして大学は次々と脱皮作業をくり返すのである。この当時の知の発酵・脱皮は、かくもはげしく進んでいったのである。このようにして、大学はたえず新しい創造へのエネルギーとなったし、ここにまた大学の使命も生命もあったのである。大学のこの性格は、今に至ってもなお変わっていないことをわれわれは知っている。

ところでカロリング朝ルネサンスの立役者アルクィヌスを育てたイングランドには、フランチェスコ修道会の知的精神的エリートたちが、オクスフォード大学をつくった。十二世紀の終わりである。中世スコラ哲学の束縛をあまり受けなかったオクスフォード大学は、プラトン研究、数学研究、実証科学研究へ向かった。これは、法王権の強い介入をまぬがれ、それなりの利点をもって、その当時の独創性というか、大学本来の性格というか、そういうものを発展させた。自然学研究が盛んになって、パリ大学では軽視されていた「四学科」の研究が重んぜられ、オッカム流の経験論が盛んになった。パリのアリストテレス思弁哲学に対して、その対照が一段ときわだっていた。オクスフォードのことは、次の第五節でも、また第六節でも少し触れるので、ここではこのへんにしておきたい。

大学の問題は、常に古くて新しい問題であり、現代でも大きな関心を呼んでいるが、古代・中世から新しい近世へ向かって羽ばたいた大学の自主・独立・自治の要素は、現代にもその意味は失せず、何かある重要な問題を示唆していると思うので、既往にさかのぼり温故知新の知恵をもってよく検討することが大切である、と思うのである。

## 第五節　有名論者たちと科学

現世を支配すること、もちろん現世の支配者である帝王をも支配することを、十一～十三世紀の法王権は実現しようとしていた。十字軍運動をうまく主宰することができた法王は、かつてのアレクサンダー（アレクサンドロス）大王をもカエサルをも、あわせて支配しようという絶大な権力欲へ奔走していった。

「カエサルのものはカエサルに返せ」という原始キリスト教の精神は、今やほとんどなかった。すでに教会権力はあまりに強く現世に根をおろしていた。そうであることによって、天国からはだんだんほど遠くなっていたのである。これに類したことは、メソポタミアの神権政治の堕落の場合にも顕著にみることができた。ところで、それまで隠然たる浸透力をもって土地支配を（俗人たちの教会への寄進などにより）着々と行いつづけてきたローマ・カトリック教会は、ここに法王インノケンティウス三世を前面におしたてて、権力への街道をひた走りに走った（十三世紀はじめ）。俗権力の象徴である皇帝には俗界（外界）を支配させておけばよい、キリスト教は内界を支配し指導する霊力であり、それによって外界への無限の影響も与えられるのだ、というようなことは、彼にはどうでもよかった。

こういうキリスト教の美徳は放り出して、彼は抜け目なく現世の政治に狂奔した。折しも修道院的労働精神が各地で実を結んだのか、中世は経済的にも非常に豊かな現世社会への胎動をはじめていた。こういう俗世を支配するには、またもや単なるプラトンやアウグスティヌスの「神の国」の神権思想では通用しなかった。それで、より新しい強大な包括的な現世支配の哲学・神学が要求されていた。ここに登場したのがアリストテレスの哲学だったのである。折もよし、十字軍運動によって東ローマのコンスタンティノープルとの文化交流が促進された結果、十二世紀から十三世紀にはたくさんの書物がラテン語に訳され紹介された。これは新しい都市生活などを通して現実感覚を急速に獲得してきた時代を背景としておこったことである。

プラトンの天上のイデアを現実世界のすべてのものに分有させたアリストテレスが、現実の王者として理解されてきた。もちろんそれでプラトンやアウグスティヌスの思想がすっかり後退したというのではない。しかしそれに対して、より現実社会にマッチしたアリストテレスの哲学と科学が他方の勢力として時代の主流を占めはじめた、というのである。こういうとき、アリストテレスの哲学体系を組み入れた大神学体系が、アルベルトゥス・マグヌス（1193-1280）を通してトマス・アクィナスによってつくられた。これは帝権を支配しようとした法王権の代弁神学ともいえるものであった。これが、とりもなおさずアリストテレスの現世哲学を支配するトマスの神学大全・スンマの性格であったのである。

知的な活力をますますとり戻してきていた中世後代の教会内では、やはり修道僧の主権争いがおこっていた。かつてのプラトンやアウグスティヌスの権威に対するに、新興勢力のアリストテレスやトマス・アクィナス的権威の角逐である。しかし実は二つともに、かつてのプラトンやアリストテレスそのままの哲学、すなわち、単なる古典ギリシアの時代の貴族的観想哲学ではなく、中世の立派な修道院精神の労働実践哲学で、それぞれの知的活力は、やはり現実に強い関心をもつ科学醸成へのエネルギーであったことを念頭に入れておくべきで

アルベルトゥス・マグヌスには、神学だけでなく、自然科学関係にも多数の著作がある。1651年には不完全ながらも全集が刊行された。

あろう。だからこの二つの集団の競争は、はげしく絡み合いながら、新しい真実の近代科学精神の創造へと駆り立てられていったのである。その二つの勢力とは、フランチェスコ修道会とドミニコ修道会であった。二つの修道教団の間には、事実反目と鋭い対立があった。

しかしフランチェスコ会派の僧侶たちは、プラトンの精神に貫かれていたといっても、アリストテレスをよく研究していたし、またその上に立って彼を批判もしたのである。唯名論的な考え方を強調していくと経験論になるが、数多くの唯名論者を出したフランチェスコ教団には、プラトンの数学重視の考え方が支配していた。しかもこれがホモ・サピエンス（頭を使う人間）だけの数学ではなく、ホモ・ファベル（手を使う人間）としての技術分野に適用されていったところに、近代実験科学への黎明を告げる精神が胎動できたのである。フランチェスコ修道会の貧しい労働精神がこの豊かさを生み、プラトンに学びながらプラトンを越え出ることになったことを忘れてはならない。貧しさの精神・フランチェスコ会は、何よりも僻遠の貧しいイングランドにおいてその花を咲かせた。

一団の人びとに、オクスフォード大学関係者としては（以下、すべてフランチェスコ会の人びと）、初代総長のロバート・グロステート（c.1175-1253）や、ロジャー・ベーコン（c.1210-c.1290）、ドゥンス・スコトゥス（1265/74-1308）、ウィリアム・オッカム（1285/1300-1249/50）等々、それぞれ近代科学の草分けとしての英雄の面々がいた。

まず、グロステートは科学の方法を仮説・知的演繹の方法においた。経験のデータからそれをもとにして仮説をたて、その仮説から演繹される結論を立証するという方法である。しかしその結論が経験にあわないことが示されると、その仮説を拒否していく。ところで「光」が原初物質に作用して、そこにはじめて可視的万物ができるのだ、という彼の考え方は、その光とそれの伝播をめぐって、その後の自然科学の発達を強く刺激し、またロジャー・ベーコンの実験科学（scientia《スキエンティア》 experimentalis《エクスペリーメンターリス》）は、いろいろその内容について問題点はあるとしても、やはり当時の科学の暗闇の中で誤謬と戦い、大胆な想像の翼を借りながら、実験を重ねて理論形成へと向かった。知識収集に示したアリストテレスの強靭な精神を非常に尊敬はしたが、これを最高権威として盲従したりすることは暗愚の至り、と考えた。彼は真に賢明な新しい知識がいかに必要かを身に染みて感じていたのである。虹の研究などを、アリストテレス主義者のアヴィセンナに言及しながらしているところをみると、やはりグロステートの「光の形而上学」の問題をもちろんあつかっていたものと思われる。光と並んで、磁気も研究された。

このようにして、オクスフォード大学を中心とした数学、自然科学の研究は徐々にその熱度をましていった。ところで、ロジャー・ベーコンの知識収集の二つの大切な事柄、すなわち、「論証によるもの」(per《ペル》 argumentum《アルグーメントゥム》)と、「実験によるもの」(per《ペル》 experimentum《エクスペリーメントゥム》)のうち、「論証によるもの」は、ドゥンス・スコトゥスとウィリアム・オッカムによって発展させられて遂に唯名論争の爆発を招き、これが契機となって、哲学は内容からの崩壊を完全に余儀なくされたのである。

ドゥンス・スコトゥスはまだ穏健な実念論者であった。彼は存在（有）と本質との間にちがいはない、それゆえ「個別化の原理」は、質料ではなく形相なのだ、と考えた。普遍の論争でスコトゥスは、トマスのように「普遍は神的精神のもつ形相としては個物以前に、個物の本質としては個物の中に、思惟によって抽象される概念としては個物の以後にあること」を認めた。普遍が知性のうちにあるだけでなく、個物の中にも実在するとしたのである。この点において実念論的であるが、トマスが質料というものによって個別を考えたのに対して、スコトゥスは形相上から個物に達したのである。だから、二つの相異《あい》なる個別的事物の間には、形相の上で本質的なちがいがある、というのである。

スコトゥスは、これによって従来の考え方である「形相」即「普遍」という考え方を退けて、形相論的個体主義という形而上学をたてた。質料は不完全であって個別化の原理とはなりえないが、形相を受けとるものなのである。しかし、質料は単なる可能性または欠如とする説に反対して、質料は神のつくったもので何らかの実在性をもつといった。しかしどこまでも形相がこの質料に対して実在的相という区別を与えるのであり、これが「実在的区別」でもなく、「思考上の区別」でもなく、「客観的区別」といわれる形相的区別なのである。思考上の区別というのはトマス・アクィナスの考え方で、普遍は個別の中に可能態として存在し、その個別から普遍をひき出すのが能動理性であり、このようにして普遍と個別の間には「思考上の区別」があるとしたのであるが、さらにオッカムは実在的区別を除いてこれらを二つとも拒否するに至った。

オッカムによると、普遍は実在ではないのである。では何であるか。それは単なる「記号」にすぎないのである。一方に個物があり、他方にこれを示す記号的名辞（語）がある。個物のみが物であり、他方は唯《ただ》名であるにすぎない、これが唯名論のいう明解な論理なのである。しかもこのような問題が再々燃したのである。再々燃というのは、これは古くすでに紀元六世紀にボエティウスがポルヒュリオスの書いた『エイサゴーゲー』(アリストテレス『範疇論』への手引き)のラテン訳に注解をつけたとき、この中で、個物についていわれる「類」とか「種」(動物という類、人間という種、これらは二つとも普遍)は個物から独立するのか、独立に存在するというなら、それは物体的にか非物体的にか、また個物の中にあるのか離れてあるのか、等々の設問がなされていた。これらはアベラルドゥスのころにもいろいろ議論されたが、オッカムはスコラ学者の最後にあらわれ、唯名論によって中世スコラ学を破壊しようとしたのである。こういう人としては彼は最も重要なのである。

　個別的諸事物をあつかうものは科学であるが、論理学は精神が自分の中に構成したものをあつかうのであるが、これは自然哲学の一つの道具である。諸事物を指す第一次名辞とその名辞を指す名辞を第二次名辞として区別し、前者には科学が、後者には論理学がそれぞれ属するとする。ほかに自然哲学とも論理学とも異なる形而上学の名辞があり、これは六個で、存在(有)、事物、何物か、一、真、善である、といっている。オッカムは「個物の以前の普遍」(universale《ウーニウェルサーレ》 ante《アンテ》 rem《レム》)を認めた。神が世界を創造するためには、普遍が神の精神の中になければならないのであるが、しかしこれは神学にかかわる問題である。人間の知識は「個物以後の普遍」(universale《ウーニウェルサーレ》 post《ポスト》 rem《レム》)に関するだけである。人は神が存在することを明証的に知ることはできない、とすれば神についてどんな認識をわれわれはもつことができるのか。われわれはただ信仰によってのみ、神の全能を知ることができるのだ、という。

　ここに至ってこれは啓示神学となる。人間の理性によって神の存在を明証的に論じてみせたというような、かつてのアンセルムスやトマスの主張は完全に退けられ、ここに知としての信仰という中世思想の牙城が崩れ去ろうとした。美しい神の壮大な目的論的一大体系、すなわち自然哲学を下僕として従える女王としての神学という中世の楽観的スンマの体系（トマス『神学大全』(Summa《スンマ》 theologica《テオロギカ》)に代表される体系）が崩れて、そこに中世との分裂・亀裂・断絶の世界観があらわれた。

オッカムの精神は、とりもなおさず啓示神学に道を開くことにより、ルターをはじめとする宗教改革者たちにも大きな影響を与えた。しかしこのひたむきな信仰によってのみ義とされるという人間の貧しさを自覚した精神が、プロテスタンティズムとして現世を否定するかにみえて、かえって誠実な質素倹約の地味な生活態度をとおし、現世の富を築きあげていったのはたしかに逆理である。しかしこの当時の旺盛なバイタリティは、過去におけるような非現実的理想国の幻想にではなく、現実的な建設意欲に燃えたものであった。経験的知識を蓄積しながら、積極的にオッカムのいう思惟経済の原則にのっとり、信仰生活によって拘束されない自由な自然科学研究を刺激することになった。神を知的に認識することを閉ざされた人間精神は、その無限の力をもつ（神は何でもできる、神の意志次第ではまったく邪悪な世界だって自由に創ることができるであろう）神にはただ信仰を通して近づけるだけである。われわれの人間知は、それに与えられた貧しい知識をもって、こつこつと自然の理法を知るようにすれば、それが最も人間らしい科学知の道であるはずでなかろうか。神の創造の現れのごく一端を知ろうというこの態度は、序説でものべたニュートンのつつましい科学者の態度にもうかがい知れるところであるまいか。

この世界が神の意志に従ってただ唯一の合目的的に創られたものだという、ある意味では知的に思いあがった形而上学にとらわれているかぎり、人間の知恵による機械論的合理的自然の近代像はなかなかに導き出せなかったであろう。しかしオッカムの破壊力によって、この古代・中世からの形而上学のヴィジョンが壊されることによって、人間に明証的であることを否定できぬ数学と、感覚に明証的であるこの経験界の理法解明への努力とが結びつくことができた。あまりにも虚妄でありすぎた自然知・人間知のヴェールを剥ぎとり剥ぎとり、濁りのない眼をもって自然という構成物の奥深い洞窟に分け入ろうとするはげしい意欲のエネルギーは、今後の世紀のすばらしい自然科学研究活動となっていく意味で、中世スコラ学の唯名論による破壊の意味は、まことに重要なものがあったと思うのである。

## 第六節　中世封建社会の崩壊

中世封建社会において、農耕産業の著しい生産拡充と並行しておこった人口増殖の結果、あふれた人口とその需要とが、新興の商人階級をつくり出してきた。彼らは最初はあふれ者であったけれども、やがては現世主義の豊かな富をバックにして、時代の要請にこたえ、ブルジョアジーとして生長してくるく存在である。ヨーロッパにはまったく新しいタイプの大集団が、このようにして自然発生的につくり出されてきたのである。

しかもすでに教会の権威はぐらつき腐敗・弱体化し、封建貴族は旧式の感覚しかもたぬ有閑の太った豚的存在であってみれば、この野生の風来坊の大衆群団は、当然そうした旧いものを心の中であざ笑うようになった。それは、旺盛な彼らの生きる知恵がその鋭い嗅覚で当然嗅ぎつけたものである。商人たちは、渡世の身として土地から土地をわたり歩きながら、着実にこつこつと富をたくわえていった。天を摩《さ》すようなゴシック教会を建築するには資材がいる。教会や封建貴族の身辺を豊かに飾るには、金銀細工や織物がいる。たえずつづく戦争のためには、いろいろの武器もいる。その他もろもろのもの。こうしたものはほとんどすべて、商人が領地から領地へと用立てていったものである。

フランスのブドウ酒や塩、イギリスの羊毛、フランドル地方の毛織物、スペインの皮革、ドイツの冶金工芸品、さては遠い異国オリエント地方の香料・砂糖等々が、都市の大定期市で、金融業者の仲介で、大々的に取り引きされるようになった。もうそこには、せまくるしい封建のワク組みなど邪魔でしょうがなくなりはじめていた。こうして富を蓄えていく商人たちは、身分は卑しかったけれども、その実力でもって自活の道を選ぼうとした。そこには当然自由自治の精神が目覚めてきた。そしてこういう雄々しい精神の芽を、私利私欲の搾取主義によって摘み取ろうとした封建貴族や、それと結託した法王権とは、きっぱり訣別せねばならぬ運命がきていた。

古くてだんだん廃れていくものとはちがって、新しいエネルギーの燃焼力というものが、この勢力の中にはあった。しかもこの勢力は法王権力との対決を迫られていた現実の皇帝権力と結びついた。結局これがそれぞれ二つずつの結合勢力に分れて相争うことになったことが、中世封建社会存続適否の大問題になっていくのである。法王権力は、まちがった現世支配へ露骨に乗り出しており、そこからおこる避けがたい精神の腐敗が、その勢力の崩壊へと必然の歩みを進めていた。しかしそれに対して、新しい勢力は、発展する生命のリズムのサイクルどおりに進む現世エネルギーであり、知的にも物的にも力がついてくれば、不平等すぎる権力偏向主義・搾取主義を不当とみてそれの打倒に向かうのは、当たり前であった。

この両勢力の打ち合いは自然に両極化して、すぐあとにみるようなイギリスの共産主義思想を呼びおこすことにもなった。前進する自然の進歩エネルギーに対して、封建領主たちの方向は、あまりにも後退・退嬰の保守・反動でしかありえなかった。貨幣機構の社会変化には、「開かれた社会」ができるはずであったのに対して、封建社会は「閉じられた性格」をもつものでしかありえなかったのである。

さきほど中世都市勃興のところでもみたように、都市の二つの型のタイプはちがったとはいえ、とにかく自主独立したいという気運は共通して強かった。十四世紀になるとイタリアにおいては、多くは法王と組んで皇帝権力の排除につとめた後、皇帝権力がもはや恐ろしい存在とはならなかったとみるや、前にもいったように、今度は法王権に対して反抗の態勢をとった。北欧においては豊かな富の蓄えることのできた商業の盛んな諸地方、例えばハンザ同盟地域、フランドル、イングランドなどで、それぞれの国王の庇護のもとに、新しい国家単位で商業・産業の利権、交易の拡大強化に競争意欲を燃やしつつあった。また法王制は、かつての道徳的な権威はなくなり、世俗化して税をとりたてる忌まわしい存在となってきていた。北の国では、次々とローマへと吸いとられていく財貨は、何か大事な富がわけもなくどこか自分たちとは遠く隔たった彼方へ消えていくような腹立たしさにかわってきた。たまたまボニファティウス八世のとき一三〇〇年大赦制度をもうけ、この年にローマを訪問しある儀式をおこなった信者には、大赦が与えられることにしたところ、ローマには莫大な金が至るところから流れこんできたことがあった。

また、法王選挙に関して各国の派閥が争い、法王と国王との対立ははげしくなり、フランス派を代表する法王クレメンス五世のごときは、一三〇九年にアヴィニョンに居を移し、それ以後は法王の七十年間アヴィニョン幽閉時代なる期間をつくった。この期間は、歴代法王が政治的にフランス国王に隷属することになり、法王権の失墜を公天下に明らかにした。この両者は、共に金《かね》の必要なこととて相《あい》結託し、いろいろのむごいことをやって金蔓《かねづる》をひき出したりした。法王であるということは何といっても教会所有の莫大な資産を自由にできる立場にあったからである。このころから、いろんな勢力が入り乱れることになり、法王権力などというものは、その腐敗性のためにまったく地におちていく観があった。君主の国家主義がフランス国王のように法王を手玉にとることができればよかったが、そうでない場合は、法王と結んだフランス国王に対し敵対関係をとる君主が続出した。またローマを空《から》にしている法王に対し、多くのイタリア都市、特にフィレンツェは、強いアンチ法王に傾いた。

このようにして法王選挙にあたる枢機卿のフランス派、ローマ派の対立は和解できぬ事態になり、こうして教会の大分裂がおこったのである。ほぼ四〇年間、二人の法王が、さらにそれぞれの側につく国々と一緒になり相《あい》分れて争った。醜いいろいろの収拾策があったが、いかんともできなかった。またイギリスにウィクリフが出るにおよんで、彼はカトリック正統教義から一三七六年にはきっぱりと離れ、キリストや使徒たちは財産をもたなかった故に、僧職者たるものは財産をもつべきではない。と教えた。僧職者たちはこの説に対して単純に怒ったが、イングランドは、また法王のために莫大な金が流出することを阻止するためにも、このウィクリフ教説を単純に喜び迎えた。折からフランスと事を構えて（百年戦争一三三九～一四五三年）金もいるところであったし、法王はフランスの言いなりになる傀儡でしかありえないと考えていたから、ウィクリフを庇護したのである。

グレゴリウス十一世法王はもちろんウィクリフ教説を断罪に処し、彼は裁判に出頭を求められたが、イングランド民衆も王室も彼を保護したばかりか、彼が講義していたオクスフォード大学は、大学の教職者に対して法王がもっていた統治権を拒否する一方、学問の自由を主張した。さらに教会の大分裂がおこるや、法王をアンチ・キリスト呼ばわりするに至った。ウィクリフは、神の牧者としての清貧を尊び、教会への粛清をつらぬこうとしたが、彼の社会・共産主義主張に誘発しておこった一三八一年の農民一揆は、社会不安誘発の恐れもあった。ウィクリフはしかし彼を罰しようとする勢力からうまい具合に守られたが、死後、

ジョン・ウィクリフ

その遺骸はコンスタンツ会議ののち掘りおこされて焼かれる、という仕打ちにまであったのである。

その後、ウィクリフ信者たちはひどい迫害を受けて滅ぼされたが、ボヘミアのフスに受け継がれて迫害にめげず宗教改革のときまで活動をつづけた。フスは、結局一四一四年スイスのコンスタンツ宗教会議に召喚され、異端者の烙印をおされて焚殺され、このことを契機に、プラハのフス派の乱は二十年間執拗に法王軍を悩ましつづけた。かくして各地で弾圧をくいながら、人間本然の道義心は、あるいは地下に燃え地上に燃えて、新教運動へとそのエネルギーを高めていったのである。

十五世紀になると、人間の知能の発達は目覚ましく、その内に秘めたエネルギーは美しい魂の強靭な道義的自覚運動となり、精神界・物質界に大きく飛躍することになった。十字軍によって刺激された外への拡張意欲は、積極的対外発展として、サラセン人の地理学知識の移入、マルコ・ポーロの『東方見聞録』のロマンティシズムが著しい刺激となって、西方人の東方へのあこがれが、折からの商業資本拡大と巨利を求める国家体制のもとにめらめらと燃えあがった。すでに西欧人たちの生活必需品となっていた砂糖・薬剤・香料・綿などの東方産物が、オスマン・トルコ政府の進出で著しく輸入困難となっていたときでもあり、折しも、十三世紀磁石を応用しての羅針盤による海洋航路が発達途上であったし、イスパ

ヤン・フス

ニア・ポルトガル勢力がその地の利をもってのしあがりつつあった。

十字軍運動は、すでにイスラム教徒勢力をイベリア半島から追い出していた。また、余勢をかってその国家意識はどんどん伸びていった。さらに国王の探検事業奨励もあって、ついに喜望峰を迂回してのインドへの新航路発見がヴァスコ・ダ・ガマによってなされ、さらにそれより少し前にはコロンブスの新大陸探検があり、さらにアメリゴ・ヴェスプッチ、マゼランの探検と矢継ぎ早の海外開拓が進み、ついに地球世界全体への眼が一挙に開かれたのである。東洋貿易は巨大な利益をヨーロッパ世界へもたらした。特にその衝に当った国王のところにその富は集中したし、また火薬の発見によって、せまい封建領主間のいざこざは中央集権的権力政治の強化によって抑えられ、国王と都市中堅商人との結びつきは、中央封建体制のあまりにもせまい枠組みをどんどん破壊していったのである。

# 索引

## 著者・監修者紹介

**大槻真一郎**（おおつきしんいちろう）

一九二六年生まれ。京都大学大学院博士課程満期退学。明治薬科大学名誉教授。二〇一六年一月逝去。科学史・医学史家。〔著書〕『人間の知恵の歴史』（原書房）、『科学用語・独-日-英・語源辞典・ラテン語篇』、『同・ギリシア語篇』、『記号・図説錬金術事典』（以上、同学社）、『医学・薬学のラテン語』（三修社）など。また没後、遺稿を再編して刊行された著書に、『「サレルノ養生訓」とヒポクラテス』、『中世宝石賛歌と錬金術』、『ヒルデガルトの宝石論』、『アラビアの鉱物書』（以上、コスモス・ライブラリー）、『西欧中世・宝石誌の世界』（八坂書房）がある。

**澤元 亙**（さわもとわたる）

一九六五年生まれ。現在、明治薬科大学・防衛医科大学非常勤講師。〔訳書〕ピーター・ジェームス『古代の発明』（東洋書林）、プリニウス『博物誌（植物薬剤篇）』（共訳・八坂書房）、ハーネマン『オルガノン』、ケント『ホメオパシー哲学講義』、ハンドリー『晩年のハーネマン』（以上、ホメオパシー出版）など、博物誌・医学書の古典翻訳に従事。

# 人間の知恵の歴史――宗教・哲学・科学の視点から

〔復刻版シリーズ②中世篇〕



著者　大槻真一郎
監修者　澤元　亙

2020年6月22日　第1刷発行

発行所　㈲コスモス・ライブラリー
発行者　大野純一
〒113-0033　東京都文京区本郷3-23-5　ハイシティ本郷204
電話：03-3813-8726　Fax：03-5684-8705
郵便振替：00110-1-112214
E-mail：kosmos-aeon@tcn-catv.ne.jp
http://www.kosmos-lby.com/
装幀　河村　誠
発売所　㈱星雲社（共同出版社・流通責任出版社）
〒112-0005　東京都文京区水道1-3-30
電話：03-3868-3275　Fax：03-3868-6588
印刷／製本　モリモト印刷㈱
ISBN978-4-434-27734-4 C0010
定価はカバー等に表示してあります。

〈真の健康と安らぎを求める現代人に語りかける名講義・シリーズ全4巻■大槻真一郎〔著〕／澤元亙〔監修〕■46判・平均約200頁・定価：本体1400円＋税〉

「ヒーリング錬金術」①
## 『サレルノ養生訓』とヒポクラテス——医療の原点

本書第1巻は、医学のメッカ・サレルノで生まれた中近代ヨーロッパのベストセラー『サレルノ養生訓』をラテン語原典から訳出し、その基本となるヒポクラテス医学の特質をギリシア哲学との関連からユニークに解説。

**「人間本来の自然を知り、自然に立ち返る」——医療の原点がここにある！**

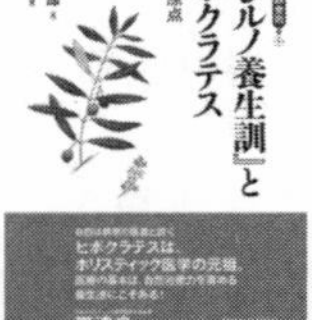


「ヒーリング錬金術」②
## 中世宝石賛歌と錬金術——神秘的医薬の世界

本書第2巻は、パワーストーンを讃美する『石について（マルボドゥス著）』『リティカ（作者不詳）』の解読に始まり、ヘルメスの錬金術から「医化学の祖」パラケルススによる錬金術的医学へと展開される神秘的医薬の世界を、人生論を交えつつユニークに解説。

**「真の医師は優れた信仰をもたねばならない」——錬金術的人生論！**

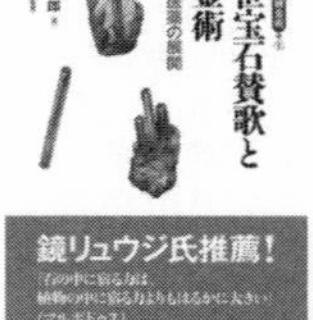


「ヒーリング錬金術」③
## ヒルデガルトの宝石論——神秘の宝石療法

本書第3巻は、中世ヨーロッパ最大の賢女と讃えられ、薬草学の祖にして、神秘家、作家、詩人としても知られる修道女ヒルデガルトの『石の本』（『フュシカ（自然学）』収載）を読み解きながら、自然と信仰の調和からなる神秘的な宝石療法の世界を真摯に語る。

**「よく浄化する者は、またよく治療する者である」――心身相関医学の極意！**

祈りを通して魂の浄化をはかり、穀物・野菜・果実・ハーブ・動物など自然物による調和的な栄養摂取・体液バランス・身体浄化などを幅広く取り入れた神秘療法の世界（本文より）

**宝石をブドウ酒に入れ、その酒を飲む！**

【本書の内容】
第1章　いまヒルデガルトの宝石論を読むということ
第2章～第9章　宝石論（1番目～26番目の宝石）
第10章　宝石療法の概観（1）
第11章　宝石療法の概観（2）

## 「ヒーリング錬金術」④

# アラビアの鉱物書――鉱物の神秘的薬効

アラビア医学から、錬金術、各種宝石の薬効にいたるまで、著者の博物学的視点や人生哲学が散りばめられた解説を通して神秘への扉が開かれる。

**大いなる自然の声をきく！**

【本書の内容】
第1章　基本的な考え方について――序文と本文・第1項目をめぐって
第2章　『アリストテレスの鉱物書』への系譜とその成立
第3章　アレクサンドロス大王伝との関連で
第4章　アラビア医学について
第5章　錬金術との比較考察（1）
第6章　錬金術との比較考察（2）
第7章　各宝石の叙述について

# 「コスモス・ライブラリー」のめざすもの

古代ギリシャのピュタゴラス学派にとって〈コスモス Kosmos〉とは、現代人が思い浮かべるようなたんなる物理的宇宙（cosmos）ではなく、物質から心および神にまで至る存在の全領域が豊かに織り込まれた〈全体〉を意味していた。が、物質還元主義の科学とそれが生み出した技術と対応した産業主義の急速な発達とともに、もっぱら五官に隷属するものだけが重視され、人間のかけがえのない一半を形づくる精神界は悲惨なまでに忘却されようとしている。しかし、自然の無限の浄化力と無尽蔵の資源という、ありえない仮定の上に営まれてきた産業主義は、いま社会主義経済も自由主義経済もともに、当然ながら深刻な環境破壊と精神・心の荒廃というつけを負わされ、それを克服する本当の意味で「持続可能な」社会のビジョンを提示できぬまま、立ちすくんでいるかに見える。

環境問題だけをとっても、真の解決には、科学技術的な取組みだけではなく、それを内面から支える新たな環境倫理の確立が急務であり、それには、環境・自然と人間との深い一体感、環境を破壊することは自分自身を破壊することにほかならないことを、観念ではなく実感として把握しうる精神性、真の宗教性、さらに言えば〈霊性〉が不可欠である。が、そうした深い内面的変容は、これまでごく限られた宗教者、覚者、賢者たちにおいて実現されるにとどまり、また文化や宗教の枠に阻まれて、人類全体の進路を決める大きな潮流をなすには至っていない。

「コスモス・ライブラリー」の創設には、東西・新旧の知恵の書の紹介を通じて、失われた〈コスモス〉の自覚を回復したい、様々な英知の合流した大きな潮流の形成に寄与したいという切実な願いがこめられている。そのような思いの実現は、いうまでもなく心ある読者の幅広い支援なしにはありえない。来るべき世紀に向け、破壊と暗黒ではなく、英知と洞察と深い慈愛に満ちた世界が実現されることを願って、「コスモス・ライブラリー」は読者と共に歩み続けたい。